AF453334

V. 2588.

TRAITÉ

OV INSTRVCTION
POVR TIRER DES
ARMES, DE L'EXCELLENT
Scrimeur Hyeronime
Caluacabo, Bo-
lognois.

Auec un discours pour tirer de l'espee seule, fait par le deffunt Patenostrier de Rome.

Traduit d'Italien en François par le Seigneur de Villamont, Cheualier de l'ordre de Hierusalem, & Gentil-homme de la chambre du Roy.

A ROVEN,

Chez Claude le Villain, Libraire & Relieur
du Roy, demeurant à la ruë du Bec,
a la bonne Renommee.

1610.

A MONSEIGNEVR,

MONSEIGNEVR LE COMTE
de Briſſac, Mareſchal
de France.

ONSEIGNEVR,
Ie n'entreprens rediger en
art, ce qu'en tant de reuo-
lutions de ſiecles, lon a te-
nu ſi enueloppé, que nul
n'en a eu la cognoiſſance pour y aſſeoir
quelque iugement, ſinon par vn long
exercice, & pratique. Toutesfois ayant
donné mes meilleures & plus gaillardes
annees aux exercices plus requis à ma pro-
feſſion, i'ay tant affecté le feu Sieur Hie-
ronime, qu'il s'eſt trouué peu d'eſcoliers de
mon temps qui luy ait eſté plus redeuable
de ſon ſoin que moy: Qui outre l'exercice
ordinaire, commun auec tous les gentils
hommes, m'a communiqué ſes plus parti-
culiers & ſecrets deſſeins, leſquels fuſſent
ſortis à effet, au grand contentement de la
A ij

Noblesse, si la mort ne s'y fust opposee.
Maintenant ayant par vn office pieux enuers son intention, & par l'affection que i'ay au bien de la France, proieté de mettre sa pretente à effet, i'emprunte la faueur de vostre nom, tāt illustré par toute la Chrestienté d'vne longue suite de personnages ausquels les armes doiuent leur restablissement, tant pour l'art, que la discipline. Ce traité que ie vous offre, ou à la France par vous, en estant comme vne partie, ne veut, ne peut, & ne doit estre retranché de tant de belles constitutions qui ont eu leur origine de vos prudences, experiences, courages, & bonnes fortunes en toutes entreprises. C'est par vous (Monseigneur) que i'espere donc meriter quelque bon gré & faueur enuers ceux qui voudront s'aider de la peine laborieuse du feu Sieur Hyeronime, qui peut se renouueller par vous, si vous l'auez autant agreable, que auec tres-humble & fidelle affection, il vous est presenté par celuy que vos vertus ont acquis pour estre à perpetuité,

Vostre tres-humble seruiteur,
DE VILLAMONT.

Interpretation de quelques mots qui font en ce Liure,

PAſſegiant, ſignifie ſe remuer touſiours, ſans toutesfois varier d'intention, ſi l'occaſion ne s'y preſente.

Voltant, pour proprement parler s'entend aller ou tourner vers la partie aſſignee laquelle tu veux offenſer.

Paſſagier, s'entend ſe pourmener ou remuer d'vn lieu à l'autre.

Si on parle de donner de ſeconde, tierce, ou quarte, c'eſt à dire vne eſtocade.

Botte, ſignifie vne eſtocade, ou vne touche.

Ingannar, ſignifie tromper ou deceuoir ſon ennemy.

Cauer, vaut autant à dire, comme feindre vouloir donner au haut, & porter au bas, ou feindre donner au bas, & porter au haut, ou bien donner par deſſous les armes.

Pied ferme ſignifie donner vne eſtocade de longueur ſans paſſer.

Chiamare, s'entend appeller ou ſe deſcouurir vne partie du corps, pour inciter l'ennemy à tirer, afin que contre luy on execute ce que l'on deſire.

Riſpote, eſt à dire l'eſtocade que l'ennemy tire à celuy qui a tiré premierement, ou bien vn coup de

A iij

taille, ou estramaçon ainsi que l'on voudra le prendre.

Droite ligne, est quand on poursuit l'ennemy,
sans voltiger ni remuer d'aucune part.

Quand on parle de retourner en premiere, seconde, tierce ou quarte, c'est à dire en garde.

Laisser, ou laissant le pied, signifie apporter le
pied qui est devant en arriere.

Bande, est à dire costé.

Volter une pointe, se prend pour estocade.

Schyuer, ou eschiffemét, s'entend voltier le corps,
pour donner passage à l'estocade que l'ennemy tire.
Volter de main droite signifie donner de taillant.

Mains droites rondes, & reuerds ronds, signifient
fraper de reuers & de taille, sans mouuoir la main
du lieu où elle se trouuera, sinon en la tournant.

Essalser est promptement esquiuer du corps, &
laisser couler l'estocade au long du corps sans l'offencer.

Tailler l'espee, est battre l'espee de l'ennemy aue
la sienne.

Quelquefois quand on dit tirer une estocade au
visage il s'entend de feinte, & en cela il faut auoir
ingement en lisant l'article.

TRAITÉ
ET INSTRVCTION POVR
TIRER DES ARMES, DE
l'excellent Scrimeur Hyeronime Caluacabo Bo-
lognois.

Les quatre gardes principales de l'espee
seule, & espee & pognal.

LA premiere garde est
quand on tient le bras
plus haut que l'espaule.
La seconde, sera quand
la main se trouue à la
mesme hauteur de l'espaule. La troisiéme est, quand le bras est vn peu
auancé au deuãt du genoüil. La quarte, sera en tenant l'espee & pognal du
costé gauche.

Contregardes aux susdites.

La contregarde de la premiere susdite, sera la quatriéme gd̃e. La con

A iiij

tregarde de la seconde sera la mesme.
La contregarde de la tierce , sera pareillement la mesme en passegiand,
hors l'espee ennemie. La contregarde de la quatriéme , sera la seconde,
ou la tierce , voltant du costé du pognal de l'ennemy. La contregarde du
pied gauche sera la seconde & la tierce, tournant tousiours du costé du pognal de l'ennemy , en tenant ton pognal voisin à la garde de ton espee.

Sçauoir en quoy nostre corps peut operer.

Nostre corps est party en deux parties , dont l'vne agist pour offencer,
l'autre pour se deffendre. La partie
droite seruira pour offence, & la gauche pour deffense.

*Aduertissemēt qui se doit garder en voyãt
l'espee, pognal, & pied de l'ennemy.*

Si tu vois le pied de ton ennemi ser-
ré, ce sera pour t'offencer. S'il est large, ce sera pour attendre.

Sçauoir quel est le parer plus parfait.

Le parer plus parfait , est quand tu
pareras auec l'espee. Le parer du pognal sera pour secourir celuy de ton
espee. Le parer de l'espee s'entend de

la moitié d'icelle iufques aux gardes.
Le parer du pognal s'obferuera auec
le foible de l'efpee de l'ennemy,
quand il te tirera de pointe.

Regle pour entendre quel eft le droit, ou
faux fil de l'efpee.

Le droit fil de l'efpee eft celuy qui
offence, & le faux fil celuy qui pare.

Quatre manieres de paſſegier.

Le premier paffegier fe fait hors l'efpee de ton ennemy. Le fecond fe fera
du cofté de fon pognal. Le tiers fera
ferrant le pas, & mefine auffi de droite ligne. Le quatriéme fera paffe-
giand vn petit deuant l'autre, t'aduertiffant qu'en paffegiant, il faut que le
pied gauche fe mouue le premier.

Pour ſçauoir qu'elle chofe eft temps.

Temps d'efpee, temps de pognal, &
temps de pied font ceux que l'on peut
prendre, eftant en mefure, lors que
l'on veut offencer fon ennemy.

Quelle chofe eft de mefure & hors mefure.

La mefure s'entend quand l'vn peut
arriuer à l'autre d'vne eftocade. Hors
de mefure s'entendra quand l'vn l'autre ne fe peuuent atteindre.

A v

Que c'est le fort & le foible de l'espee.

Le fort sera pour deffence, depuis la moitié en arriere, & le foible pour offence depuis la pointe iusqu'au milieu.

Pour entendre quand tu seras en garde auec auantage.

L'auantage sera quand tu auras la pointe de l'espee, droit à l'espaule de l'ennemy, & que son espee ne te regarde point, voltant toutefois en quatriéme garde, du costé droit dudit ennemy, ayant ton pognal proche à la garde de ton espee.

Pour sçauoir quelle garde est plus parfaite pour offence & pour deffence.

Les gardes hautes de premiere, de seconde, & de tierce, seront pour assaillir de feinte ou autrement, & la quarte garde sera pour attendre.

Pour entendre comme il faut assaillir pour le meilleur.

Quand tu voudras assaillir l'ennemy, il faut ferit la partie plus voisine, en attendant sa rispote. Dauantage, le voulant assaillir, tu te mettras en quatriéme garde, puis passant du pied

gauche, luy tireras vne estocade droit
au visage, & te remettras promptê-
ment en seconde garde, afin qu'en
contrepassant du pied droit, tu luy
puisses donner vne estocade pour retourner en quarte garde, où attendant
sa rispote, & là venant à te tirer, tu la
pareras de ton espee en passant le pied
gauche à sa droite partie, te secourant
de ton pognal contre l'espee de l'ennemy, afin de luy porter vne seconde:
Et s'il ne te tire, tu pourras commencer les bottes susdites.

Contre ceux qui vsent de feintes.

A ce que tu entendes quelles choses
sont contraires à ceux qui vsent de
feintes pour inganner ou tróper son
ennemy, tu leur feras ceci: tu pareras
feintement du pognal où de l'espee,
pour luy donner occasion de caner, &
lors qu'il canera, tu luy pourras dóner
de pied ferme, ou de passade. Tu luy
feras encor ceci, quãd il fera la feinte
estant en mesure, c'est que tu luy tireras vne estocade resoluë dãs le corps,
au mesme téps que tu luy verras faire
la feinte, voltãt de la partie de son po-

gnal, en luy faiſant vne chiamatte, qui
eſt à dire l'appeller & attendre qu'il
te tire, pour luy donner vne riſpote.
Tu luy peux faire encor ceci pendãt
qu'il te fera la feinte, qui eſt de parer
auec ton eſpee la ſienne en le frappant
de deux temps, attendant touſiours la
reſponce apres l'auoir frappé.

Contre ceux qui tirent de pied ferme.

Il faut tenir l'eſpee & le pognal en
garde haute, & que la pointe de l'eſpee regarde droit la face de l'ennemy,
luy deſcouurãt vn peu ton corps pour
qu'il aye occaſion de tirer, lequel te
venant à pouſſer vne eſtocade, la pareras de tõ pognal au deſſous de l'eſpee,
luy en donnat à meſme tẽps vne au viſage, ou bien à l'eſtomach, courbãt le
corps en le frappãt. Pourras encor luy
faire ceci eſtant ſur la meſme garde,
pendãt qu'il te tirera, qui eſt de parer
ſon corps auec ton pognal, en luy portant vn grand eſtramaçon ſur le bras
droit. Ainſi tu peux luy tailler ou batre ſon eſpee en paſſant le pied gauche
vers ſon coſté droit, te ſecourant de tõ
pognal pour le toucher d'vne ſecõde.

Contre ceux qui tirent les premiers, & puis se retirent.

Il faut parer son estocade auec l'espee ou le pognal, puis passant du pied gauche, faut le suiure de droite ligne pour le mettre en desordre, le mena-çant tousiours de le fraper, iusqu'à ce que tu voyes qu'il soit descouuert, qui sera alors que tu l'offenceras, & te re-mettras promptement en seconde pour y aspecter sa rispote.

Contre ceux qui ne veulent iamais tirer.

Il faut ferir la partie plus voisine re-tournát en seconde, ou bien en quarte garde pour y attendre la rispote de l'ennemy, lequel venant à te tirer, tu prendras le party qu'il te semblera le meilleur & plus commode le pouuát offécer de taille aussi bié que de poíte

Contre ceux qui parent de l'espee ou du pognal.

Pour descouurir commét ils parét, il faut leur tirer vne botte étre les armes pour les côtraindre de parer auec l'es-pee ou le pognal:S'ils parét auec l'es-pee tu caueras de tierce pour le tou-cher à sa droite partie. Pourras encor cauer l'espee par sur la pointe de ce

qui pare en allant en seconde, puis
paſſant du pied gauche & te ſecourant
du pognal luy porteras vne eſtocade
de ſeconde. Pourras auſsi, pendant
qu'il parera, luy pouſſer vne tierce en
auançant le pied gauche, te ſecourant
touſiours de tô pognal. S'il pare auec
ſon pognal, pourras cauer ſur la pointe dudit pognal, luy tranſperçant l'eſpaule gauche, ou le marquant viue-
ment au viſage : puis te mettant en
tierce garde, & tenant ton pognal voiſin à la droite partie de ton eſpee, tu
attendras la riſpote de l'ennemy.

Contre ceux qui laiſſent le pied.

Il faut monſtrer paſſer d'vn pas, à ce
qu'il aye occaſion de laiſſer le pied,
auquel temps caueras promptement
ton eſpee ſur ſon pognal en allant en
ſeconde, puis attendant la riſpote de
l'ennemy, tu le feriras en l'eſpaule
gauche, ou au viſage en allant en ſeconde.

Contre ceux qui donnent l'eſpee à battre

Eſt neceſſaire faire ſemblant de battre leur eſpee auec ton pognal pour
qu'il aye occaſion de la cauer, & la ca-

uant, luy donneras au mesme temps
vne estocade de pied ferme, ou passeras en parant de ton pognal. Feindras
aussi de vouloir battre son espee de
ton pognal pour qui la retire en arriere, auquel téps feras feinte de fraper pour qu'il pare auec son pognal,
qui sera alorsque caueras sur la pointe de son pognal en luy plongeant vne
estocade en la partie senestre, ou bien
dedans le corps, où à la face. Encor
pourras tu feindre battre son espee
auec tó pognal pour voir s'il la mou-
uera de son lieu, ce que ne faisant, tu
la battras alors en l'estocadit de pied
ferme, ou de passer. Pourras encor faire aparoir à l'ennemy auoir intentió
de battre son espee auec la tiéne pour
l'inuiter au cauement, où à la retirer:
s'il se prepare pour cauer, tu pareras
auec l'espee en passant le pied gauche
du coité droit de l'ennemy, te secourant de ton pognal en te mettant en
seconde pour offencer la partie plus
voisine dudit ennemy : S'il retire son
espee en arriere, tu le menaceras d'v-
ne estocade dás le corps, afin de le có-

traindre de la parer de son pognal, ce
que faisant, tu luy donneras la botte
dessus le pognal, voltât de la bande de
son pognal en allant en seconde, & tenant ton pognal voisin à ton espee, tu
luy descouuriras le costé gauche attendant sa rispote.

Contre ceux qui tiennent le pognal fort auancé, & l'espee en arriere.

Il faut te mettre en seconde ou en
tierce, tenant ton pognal proche à la
garde de ton espee, ou au bras droit,
voltant du costé du pognal de l'ennemy, commençant tousiours à volter le
pied gauche le premier, & tenant le
droit alerte prest à ferir la partie plus
voisine, te souuenant tousiours de la
rispote que peut tirer ton ennemy, lequel te tirant de pied ferme, tu pareras de ton pognal luy donnant vne
botte de seconde à sa droite partie: Et
quand il passera, tu caueras l'espee sur
la pointe de son pognal, luy donnant
dans le corps entre les armes, parant
son estocade auec ton pognal: Pouuât
aussi luy faire feinte hors le pognal &
luy dóner vne estocade au costé senestre, & autres coups en gráde quátité,

tant de pied ferme & eſtramaçós, que
par feintes & cauemens.

Pour rompre le deſſein de l'ennemy.

Pour rompre le deſſein d'vn ennemy, il faut battre ſon eſpee ou pognal
de ton eſpee, voltant & faiſant des
Chyamates pour l'inciter à tirer le
premier, ce que faiſant tu pareras ſon
eſtocade, luy en donnant vne autre au
lieu que tu verras le plus commode.

Pour faire tirer l'ennemy où l'on voudra.

Vſeras de ceſte maniere, qui eſt de
tenir tó eſpee en tierce, & ton pognal
aupres de ton bras droit, afin que l'ennemi ne puiſſe tirer fors du coſté gauche. Encor pourras-tu te camper en
quarte, & tenir ton pognal ioignant
l'eſpee, pour qu'il aye occaſion de tirer du coſté droit. Pourras auſsi ou-
uïr les armes eſtant en garde haute,
ſoit de premiere ou de ſeconde, tenant
ton pognal de la part ſeneſtre, & cette garde ſera pur attendre & pour aſ-
faillir ton ennemy en la maniere que
tu voudras.

Contre ceux qui paſſent.

Il faut leur dóner l'eſpee haute à bat-

tre pour qu'ils ayent occasion de paffer, lesquels paffát,tu laisseras le pied
deuant se couler en arriere, parant
leur estocade de ton pognal pour les
frapper de tierce ou de seconde. Tu
luy peux aussi volter vne pointe, ou
prendre vn contretemps auec le fort
de ton espee en rencontrant le foible
de celle de l'ennemy. Pourras aussi
luy tailler ou abatre son espee, te secourant de ton pognal à l'espee ennemie pour desgager la tienne, afin de
luy pousser vne seconde. Encor peux
tu retirer ton espee en tierce, & ton
pognal voisin à la garde d'icelle le fe-
rissant d'vne estocade. Outre tu peux
cauer l'espee sur la pointe de son pognal voltant en quarte. Tu luy tiendras encor ton espee longue & basse
pour qu'il batte,ce qu'auenant,tu caueras la tiéne sur son pognal,le tirant
de seconde, prenát toutefois son espee
de ton pognal: Encor tu schyueras le
corps parant son estocade auec ton
pognal pour le toucher de tierce. Il se
peut aussi luy bailler l'espee entre les
deux armes,pour qu'il la batte de son

pognal, auquel temps feras vne quarte voltant le pied gauche en arriere.
Outre tu luy presenteras ton espee
basse pour qu'il la batte, ce que faisant
tu laisseras le pied allant en quarte, &
parant son coup auec ton pognal, tu
luy donneras vn grand coup en l'es-
chine.

Comme on se doit gouuerner auec vn hõ-
me contre lequel on n'a iamais tiré.

Pour sçauoir ce que ton ennemy
veut faire, donne luy l'espee auancee
ayant le corps courbé, & le pognal
voisin à ton espee, laquelle tu luy ap-
procheras pour voir s'il la voudra
parer de son pognal, ou auec son espee
à l'heure tu te gouuerneras selon ton
iugement, ayant descouuert ce qu'il
voudra faire, mais sois auisé que s'il
pare auec son pognal, de cauer ton
espee en luy donnant vne estocade au
costé gauche voltant par dehors pour
te mettre en seconde, attendant la rispote. S'il pare de main droite auec
son espee, tu caueras la tienne en luy
portant vne estocade de tierce dans
l'espaule droite, allant en quarte gar-

de pour ÿ attendre la reſponce. Et s'il
ne veut parer auec l'eſpee ny le pognal , tu pourras l'offencer à la plus
voiſine partie, afin de l'inciter à te tirer: Et ſi tu vois qu'il ne ſe meuue, approche toy pian , pian de luy le pas
ſerré pour l'aſſaillir.

Cõtre ceux qui tiennẽt les armes ouuertes:

Il faut tenir les armes bien ſerrees
allant de droite ligne entre les armes
de l'ennemi, luy tirant droit dedans le
corps , afin qu'il pare auec ſon eſpee
ou pognal : S'il pare auec l'eſpee, tu
caueras la tiéne du coſté droit en paſſant du pied gauche, ſecourant ton eſpee de ton pognal pour luy tirer vne
ſeconde: S'il pare du pognal, tu caueras l'eſpee pour luy donner vne eſtocade dans l'eſpaule gauche en voltãt
par dehors, puis te cãpant en poſture
ſeconde, y attendras la riſpote de l'ennemy. Encor peux-tu luy faire vne
quarte du pied gauche entre les armes prenant ſon eſpee de ton pognal,
duquel tu luy pourras dõner vn coup
quãd tu ſeras proche de luy, te ſouue-
nant de paſſer preſtement, & te remet-

tre en quarte gardepour y attendre sa
rifpote.

Le contraire eft de les tirer à la partie defcouuerte, t'aduertiffant pourtant de ne tirer de refolution,afin que
celuy qui eft defcouuert aye occafion
de te tirer. Et s'il ne veut tirer tu luy
pourras fournir la botte te remettant
en garde:Si tu le frapes en lieu haut,
tu iras en feconde attendre la rifpote,
t'aduertiffant toufiours d'offencer la
partie qui te fera la plus proche.

Il faut le ferrer fort du cofté qu'il
voltige tenant tes armes bien ferrees,
& ton pognal voifin à ton efpee, luy
defcouurant la moitié de ton corps
pour l'attirer à te tirer, Et s'il ne veut
te tirer,tu chercheras moyen de le furprendre au mouuement du pied, tant
d'vne part,comme de l'autre.

Pour le côtraire,tu luy feras la botte
par fus le pognal, foit en paffant, ou

de pied ferme. Pourras aufsi faire vne
tierce en battant fon efpee de ton pognal foit de pied ferme ou en paffant.
Encor peux-tu luy faire vne tierce
par fur fon efpee en rencontrant le
foible d'icelle auec le fort de la tienne, paffant le pied gauche en auant, &
te fecourant du pognal vers l'efpee
ennemie. Tu luy peux aufsi faire feinte entre fes armes pour l'inciter à parer du pognal, lequel parant tu caueras l'efpee par dedans la pointe de fon
pognal en paffant du pied gauche à la
droite partie de l'ennemy, l'efpee duquel tu faifiras de ton pognal l'offen-
fant de feconde.   Pourras encor faire
vne feinte fur fon pognal, & luy tirer
vne eftocade entre les armes en paffant de fon cofté droit, te fecourant de
ton pognal vers fon efpee, & te remettant promptement en garde, attendant fa rifpote.

La maniere d'affaillir d'eftocade auec
auantage.

Tu te mettras en quarte garde voltant du cotté de l'efpee de l'ennemy:
Et eftát quelque peu hors de mefure,

uy cireras droit au visage vne estocade en passant du pied gauche, puis
allant en seconde, & contrepassant en
pied droit, luy pousseras vne estocade
de toute ta force, & laisseras retourner ton espee en quarte garde pour y
attendre la rispote laquelle te tirant,
tu pareras auec l'espee son estocade, ou
estramaçon, te secourant de ton pognal contre l'espee de l'ennemy, lequel ne voulant te tirer, tu pourras
tousiours faire ce que i'ay dit cy dessus Sois auisé quand tu commenceras
a luy pousser vne estocade, de ne re fer-
uir point de feintes, mais va t'en tous-
ours resolu auec vne ou deux estocades, estant la meilleure maniere de
pouuoir assaillir, car l'énemy ne peut
faire autre chose, que de pied ferme
cauer son espee, où te faire vne quarte
au mesme temps qu'il te verra passer
du pied gauche. Ces deux bottes se
peuuent faire, mais au contraire tu
les pourras parer de ton pognal, le
perissant au pareil temps qu'il te tirera.

Quelle garde est la plus parfaite pour at-
tendre contre toutes les bottes qui
se peuuent faire.

La quarte garde sera la plus parfaite pour attendre contre toutes les bottes qui se peuuent tirer, t'aduertiffant de parer auec ton espee le coup
que l'ennemy te tirera, puis saisiffant
son espee de ton pognal, luy dōneras
de grandes estocades de passade ou de
pied ferme en voltigeant toufiours du
cofté droit de l'ennemy le plus que tu
pourras, en l'attendant toufiours: Et
quand tu l'auras offencé, tu te mettras
incontinét en quarte garde, auec propos continuel d'y demeurer.

Aduertiffement de tenir bien le pognal
en la main.

Sois aduerty de ne tenir iamais ton
pognal en auant, sinon quand tu verras saifir ou battre l'espee de l'ennemy, de peur que tenant ainfi ton pognal auancé, tu ne fois blessé en la
main, ou bien au bras, & aussi pour ne
donner à cognoistre ce que tu veux
faire, outre que ton coips est beaucoup plus couuert, & ton ennemy n'a
pas

pas tant de ieu ni de moyen de t'offencer : Or pour tenir bien ton pognal, tu le tiendras aupres de ton efpee peu efloigné de la garde d'icelle,
eftant en tierce garde, où bien en
quatre garde.

Contre ceux qui veulent couurir ton espee auec la leur.

Pour le contraire tu mettras ton efpee hors la prefence de l'ennemy
mefme garde que tu te trouueras tenant le pognal pres la garde de l'efpee, & quand ton ennemy viendra
pour la toucher, ce luy eft force fortir
hors ta prefence auquel temps luy feras ces bottes. Tu te mettras en tierce,
& quand il voudra toucher ton efpee,
tu caueras la fienne, le feriffant de tierce, ou paffant le pied gauche deuāt, te
fecourant de ton pognal fur la pointe
de fon efpee tu luy tireras vne pointe
de feconde ou de tierce en paffant
de fon cofté droit : Tu peux encor au
mefme temps que luy verras toucher
fon efpee, paffer deuant en le frappant d'vne eftocade fous le cofté
droit par deffous fon efpee, te fecou-

rant de ton pognal. Encor si tu estois
en quarte garde,& qu'il voulust toucher ton espee, au mesme temps la
caueras par dedans, en saisissant son
espee de ton pognal, pour luy pousser vne estocade dans le corps, soit de
pied ferme ou de passee que tu feras
du pied gauche du costé de son po-
gnal.Plus tu pourras cauer l'espee sur
la pointe de la sienne, puis te secourant du pognal luy donner vne botte
de pied ferme entre ses armes,ou passer si tu veux du costé de son pognal.

Regle pour obseruer contre vn qui
veut tirer le premier d'esto-
cade ou de taille.

Sois aduerty de ne parer iamais, &
laisser aller tous ses coups en vain,
obeissant du corps, & du pied gauche en arriere, & quand sa botte sera
passee,tu pourras l'offencer en la partie plus proche, fuyant la prise en
toutes manieres : Et quand bien il ne
te voudroit tirer,tu pourras tousiours
offencer (côme i'ay dit) la partie plus
voisine,attendant sa rispote. Quád il
te tirera, tu cercheras de le mettre en

difcorde pour le furprendre au mefme temps.

*Combien de bottes fe peuuent faire fur
la garde du pied gauche.*

Quand tu trouueras quelqu'vn fur
le pied gauche , tu volteras pour ton
auantage du cofté de ton pognal , &
quand tu voudras voltiger , fois aduerty de mouuoir le pied gauche le
premier tenant en tierce ton efpee,
& ton pognal voifin d'icelle , luy tirant de pied ferme vne eftocade fous
le bras. Et fi ton ennemy tient fon pognal vn peu plus bas que fon efpee,tu
luy pourras donner dans l'efpaule
gauche vne eftocade , tenant toufiours ton pognal proche de tô efpee,
afin d'eftre tout preft à la rifpote. Ceci
fera pour ieu , ou à bon efcient : Tu
pourras offencer la main de l'ennemi
de pointe,ou de taille : Si tu l'offence
de pointe , tu iras en feconde y attendre la rifpote: Si tu le frappes de taille de main droite , tu iras en quarte
garde: & fi tu le frappes d'vn reuers,
tu iras en feconde tenant ton pognal
pres de ton efpee qui fera droit

attendant sa responce. Si la iambe de celuy qui est sur le pied gauche est auancee, tu feindras luy porter vne estocade au visage, lequel allant à la parade, luy donneras vne iartiere de main droite à la iambe gauche allant en quarte garde attendant la rispote. Ce sont les bottes qui se peuuent faire contre ceux qui se tiennent sur le pied gauche : mais si quelqu'vn y estant vouloit passer, tu luy presenteras l'espee à batre, afin qu'il passe, & quand il passera, tu laisseras le pied en luy voltant vn grand estramaçon de reuers par la teste, ou par le bras, ou bien le perceras d'vne pointe seconde, parant tousiours de ton pognal.

Combien de bottes se peuuent faire contre la premiere, seconde, & tierce garde:

Pour le contraire tu te mettras en quarte garde voltant du costé droit de l'ennemy, & tenant ton pognal du costé gauche, ne trop haut, ne trop bas, te descouurant la partie droite, afin que l'ennemy aye occasion de tirer le premier. S'il tire tu pareras

de ton espee en passant de son costé
droit, & saisissant son espee de ton
pognal, luy porteras vne estocade de
seconde : Et s'il vouloit cauer sadite
espee, tu la prendras facilement en
faisant la mesme passade, & luy donneras vne tierce te secourant de ton
pognal : Ceci se pourra faire quand
il voud a se mouuoir. S'il ne se mouue, tu caueras l'espee du costé droit
de la sienne , & portant ton pognal
à la rencontre, passeras en auant pour
luy tirer de tierce vn estocade. Tu
peux aussi batre son espee de la
tienne en passant le pied gauche de
son costé droit , te secourant de ton
pognal : mais si d'auenture il reti-
roit son espee, tu monstreras de le
vouloir frapper, pour qu'il aye occasion de parer auec son pognal : Et au
mesme temps qu'il passera, tu caueras
l'espee sur la pointe de son pognal
luy donnant dans le corps, te retirant
prestement en seconde pour y attendre sa rispote. Ces bottes se peuuent
faire sur la premiere , seconde , &
tierce garde : mais quand l'espee sera

plus auancee que le pognal , tu te
mettras à ferir la gauche partie t'ad-
uertiſſant de la riſpote , laquelle te
venant à eſtre tiree (comme le plus
ſouuent ſe fait) tu cercheras (apres
l'auoir frappé au coſté gauche) d'aller en ſeconde pour l'offencer à ſa
droite partie quand il te tirera riſpo-
tes. Se pourroient faire d'autre bottes
en grand nombre, mais pour abreger
ou pour le faire court, i'eſtime celles
ci pour les meilleures.

Comme noſtre corps doit operer pour le meilleur.

A ce que tu entendes comme noſtre
corps doit operer eſtant parti en deux
parties, deſquelles l'vne ſe fait nom-
mer la partie droite , & l'autre gauche. La plus noble des deux eſt celle
qui offence, laquelle s'appelle droite:
L'autre qui ſe dit gauche ſeruira pour
deffence , combien que pluſieurs diſent que la gauche partie aſſaut. Le
pied ſeneſtre ſera pour gagner le ter-
ren ou la meſure , & le pognal pour
vn ſecours comme deſſus i'ay dit. Et
afin que tu entendes comme s'appelle

le paſſer du dedans, c'eſt quand tu paſſeras de quarte entre les armes, ou autrement. Le paſſer du dehors eſt quãd
tu paſſes hors l'eſpee de l'ennemy.

Aduertiſſement contre ceux qui veu-
lent tirer les premiers.

Il faut pour inciter ton ennemy à
tirer le premier, luy preſenter vne
commodité afin qu'il tire, ſe deſcouurant vn peu le corps, ou tenir les armes ouuertes en t'aſſeurant de ton
pognal. Tu peux te mettre auſſi en
garde bien ſerree, luy deſcouurant le
coſté gauche pour l'amorcer à te faire
la botte par ſus ton pognal, qui ſera
alors que volteras en luy portant vne
eſtocade. Encor peux-tu cauer l'eſpee
ſur ſon pognal, le touchant d'vne
tierce, pendant qu'il voudra faire la
botte ſur ton pognal. Tu peux auſſi
tirer ton pognal & ton eſpee, & la
mettre hors celle de l'ennemy pour
luy tirer vne eſtocade dans l'eſpaule
droite. Il ſe peut faire pluſieurs autres bottes contraires à ceux qui veulent faire la botte ſur le pognal.

B iiij

*Pour sçauoir quel est le meilleur d'at-
tendre ou d'assaillir.*

L'vn & l'autre sont bõs: mais ie suis
bien d'aduis que l'attendre est meilleur que l'assaillir : Et si l'homme ne
s'efforçoit quelquefois d'assaillir , il
auroit tousiours beaucoup plus d'a-
uantage d'attendre , la raison estant
telle, que qui assaut, s'incommode le
corps , & qui attend ne s'incommode
point , parlant de ceux qui sçauent
faire les gardes d'attendre. Pour mon
particulier ie voudrois feindre d'assaillir afin d'inciter l'ennemy à tirer
le premier pour que i'eusse mesure de
l'estocader ou offencer ses plus pro-
ches parties , auec intention d'attendre sa rispote , se preparant neantmoins au contraire: car autremét on
courroit grand peril de vouloir assaillir le corps de l'ennemy d'vn premier temps: Pourtant ie ne conseille-
ray iamais ceci , si l'homme n'auoit
grande commodité de le faire.

IEV DE L'ESPEE ET DE la cappe, tant de pointe comme de taille.

NOtte premierement de ne ietter iamais ta cappe à l'ennemy, que tu n'ayes assuietty son espee qui t'empesche, pource qu'en luy iettant ta cappe, il te pourroit bien offencer. Pour que tu sçaches à quoy te peut seruir la cappe, qui est vn secourir de l'espee, tu seras aduerty de parer auec ton espee toutes les estocades qui te seront tirees, estant en quarte garde auec la cappe aupres la garde de ton espee, te secourant toustiours d'icelle quand il occurera pour te deffendre des estocades qui te seront poussees: mais si quelqu'vn tiroit d'estramaçon, tu pareras aussi de ton espee, tenant ta cappe toustiours proche à la garde d'icelle, soit qu'elle soit en tierce, ou bien en quarte garde mesme quand tu feras sur le pied gauche : Pourtant la plus parfaite garde, pour assaillir d'espee & de cappe sera

la tierce , & la meilleure pour attendre fera la quarte , contre toutes gardes , fe defcouurant le cofté droit , &
voltant par dehors, afin que l'ennemy ne te puiffe tirer finon de pointe.
Si tu veux l'affaillir,tu luy tireras vne
feinte au vifage pour le faire parer
de fon efpee:S il pare de main droite
tu luy pourras faire ces bottes. Quäd
tu verras qu'il voudra parer auec fon
efpee , tu luy toucheras de tierce en
paffant du pied gauche , te fecourant
auec ta cappe à la garde de l'efpee ennemie: Encor peux tu faire ceci pen-
dât qu'il parera , c'eft que tu caueras
l'efpee de tierce fur la fienne paffant
du pied gauche,& mettât ta cappe fur
la garde de celle de l'énemi,luyporte-
ras vne eftocade au cofté droit.Pour-
ras auffi cauer l'efpee fur la pointe de
ton ennemy , & paffant le pied gauche de fon cofté droit,le feriras d'vne
feconde: Et s'il ne veut parer , luy tireras ton eftocade dans le corps,ou au
vifage:S'il veut tirer au mefme temps
qu'il te verra tirer , tu luy peux tailler fon efpee paffant à fa droite partie

te fecourant toutesfois de ta cappe fur
la garde de l'efpee ennemie. Encor
quand tu commêceras à luy tirer vne
feinte à la face, & que tu verras qu'il
vueille parer ton eftocade d'vn reuers, tu peux cauer ton efpee fous la
fienne, & mettre ta cappe fous l'efpee de l'ennemy, le feriffant d'vne
tierce en l'eftomach, en voitant par
dehors. Outre quâd il voudra parer,
tu caueras ton efpee fur la pointe de
la fienne, & te fecourant de ta cappe
pafferas d'vne quarte de pied gauche
entre les armes. Il fe pourra encor luy
dôner vn reuers par la iambe, ou par
la face en paffant de fon cofté droit,
retirant ton efpee en tierce ou en feconde pour le ferir d'vne eftocade,
t'aduertiffant de tenir toufiours fon
efpee auec ta cappe. Plus quand tu
voudras l'affaillir, recorde toy de luy
tirer deux bottes : La premiere fera
vne eftocade, la feconde d'vne taille, foit au vifage, ou aux iambes:
Et quand feras de taille, fouuien-
ne toy de te retirer en arriere en
luy faifant vne chiamatte : car le

taillant l'offence mieux & luy rompt beaucoup la mesure. Outre quand tu l'assailliras recorde toy tousiours d'offencer la partie plus proche attendant la rispote, & ceste-ci est la maniere d'assaillir de seconde ou tierce.

Pour attendre de l'espee & la cappe.

Quand tu voudras attendre, tu te mettras en quarte garde tenant la cappe aupres la garde de ton espee pour te deffendre de pointe & de taille. Si l'ennemy te tire vne pointe, tu la pareras auec ton espee, passant le pied gauche en auant du costé droit de l'ennemy, te secourant bien promptement de ta cappe pour le toucher d'vne seconde. S'il tire d'estramaçon, tu pareras de ton espee, te secourant de ta cappe, & passeras du costé droit de l'ennemy pour le frapper d'vne seconde. Pourras encor quand il te tirera de main droite, parer du droit de ton espee, & passer le pied gauche au costé droit de l'ennemy pour rencontrer sa botte, & t'aidant de ta cappe, tu pourras l'offencer de pointe, ou

d'vn taillant par le visage, ou par la
iambe: Et s'il te tiroit vn reuers en ré-
contrât ton coup, passeras le pied gauche, & t'aideras de ta cape au besoin
pour luy porter vne estocade, ou bien
vn taillant à la face, ou à la iambe. S'il
te tire de reuers, pareras de reuers en
rencontrant sa botte, passant le pied
gauche en auant, & t'aidant de ta cape
luy porteras vne secóde. Ce pourroit
faire quantité de coups, mais ceux-cy
sont meilleurs pour l'espee blanche.

Ieu d'estramaçons, & pour sçauoir comme
ils sont faits: leurs noms, & com-
me ils s'appellent.

Pour que tu sçaches combien d'e-
stramaçons se peuuent faire, se peut
faire vn reuers, vne main droite, &
vn estramaçon fendant, tant de droit
comme de reuers: Pourtant les voulant faire bien, il faut que la main
droite commence au costé droit tenant son bras en haut venant fourny
en quatriéme garde Le reuers se commence au costé gauche, & se finit en

tierce tenant son pognal proche de
son espee: Estant fourny en taille, se
font maints droites rondes, & reuers
ronds, mais ceux cy dessus mention-
nez sont les meilleurs. Si quelqu'vn
te tiroit de main droite à la teste, tu
pareras du droit de ton espee. S'il tire de reuers, tu pareras de reuers. S'il
te tire d'vn fendant, tu pareras de l'espee & du pognal si tu en as, ou de la
cape : car l'vn ou l'autre t'aideront
grandement pour liberer ton espee
de celle de l'ennemy, afin de plus facilement l'estocader. S'il te tire de
main droite, tu pareras de ton espee
en passant le pied gauche du costé
droit de l'ennemy, te secourant de ton
pognal pour luy pousser vne estocade
ou luy dōner vn reuers par la face, ou
par la iambe, ou par le bras. Quand il
te tirera de main droite à la teste,
pourras encroiser ton pognal auec tō
espee, & aussi luy donner vne iartiere
ou bien tenir fort ton espee & ton pognal, voltant vn'peu à sa droite partie
pour luy donner vne estocade dans le
corps, ou en autre lieu que tu iugeras

le plus commode. Pourras auſſi parer
de ton pognal paſſant le pied gauche
du coſté droit de l'ennemy, auquel tu
bailleras dans le viſage, ou dans le
corps, vne eſtocade. On peut auſſi (o-
beyſſãt du corps) laiſſer aller ſon coup
d'eſtramaçon en vain, & au meſme
temps qu'il ſera paſſé à ſa droite
main, tu paſſeras de la meſme droite
partie le feriſſant de tierce, te ſecourant de ton pognal à l'eſpaule de l'ennemy: Et s'il te tiroit vn reuers, tu le
pareras du reuers de ton eſpee, t'aidant de ton pognal à l'eſpaule ennemie en le mettant ſous ſon eſpee, &
luy voltant vne main droite, ou vn
reuers par le viſage, tenant touſiours
ton dit pognal ſous ſon eſpee. Encor
pourras laiſſer aller ſa botte en vain,
laquelle eſtant paſſee, le pourras toucher de pied ferme, ou de paſſade. Ce
ſont les bottes qui ſe peuuent faire
contre les droitiers, & contre les reuers quand ils viennent à eſtre tirez
reſolus.

Pour assaillir il est besoin aller de pointe, & de taille.

Pour faire bien vn coup de taille quand tu voudras assaillir, il te faut commencer de pointe de seconde, ou de tierce, pour estre les gardes les plus parfaites pour assaillir: Te ressouuié-ne de cecy quand tu voudras commen-cer ton assaut, c'est qu'il faut porter au visage de l'ennemy vne pointe de re-solution, afin qu'il ait suiet de parer: S'il ne la pare, laisse luy aller la botte au visage, & s'il la pare auec son po-gnal, tu volteras vne main droite au bras de son pognal, ou par la teste en t'en allant en quarte garde pour y at-tendre sa rispote, te retirant quelque peu en arriere hors de mesure. Et si l'ennemy pare auec son espee, tu luy feras vn reuers sur son bras, ou sur sa teste en allant en seconde, ou tier-ce garde attendre sa rispote. Tu peux aussi tirer vne estocade entre ses armes pour qu'il la pare de son po-gnal auquel temps tu luy pourras donner vn coup d'estramaçon de reuers sur son bras , ou de main droite, en tirant en tierce ou en quarte garde tenant ton pognal proche à la garde de ton espee pour y tendre sa responce. Pourras encor tirer sur son pognal afin qu'il pare: mais si au mesme temps il te tiroit vne estocade tu la pourras parer de ton pognal, & luy donner vn reuers sur le bras de son espee. Outre quand tu luy tireras le premier vne pointe, & qu'il la pare de son espee, pourras alors luy tailler vne iambe de main droite, ou de reuers selon que tu verras estre pour le meilleur: S'il pare de reuers, tu feriras de reuers. Il se pourroit narrer plusieurs autres coups de taille, & d'estramaçons, mais i'estime ceux cy pour les meilleurs.

Contre vn qui voudroit assaillir de pointe & puis volter de taille.

Si vn te vouloit attaquer de pointe, & te frapper de taille (comme i'ay cy dessus dit) tu luy feras cecy quand il te tirera de pointe : c'est que tu pareras le coup de ton espee, afin qu'il aye occasion de volter de droite, puis passeras le pied gauche en auant, & pare,

ras de ton pognal pour luy pouſſer
vne eſtocade au viſage. S'il volte de
reuers, tu pareras de l'eſpee & le fra-
peras de ton pognal dãs le flanc droit,
ou bien t'en ſecourant à l'eſpee ennemie luy donneras vne ſeconde: Outre
quand tu auras ſouſtenu ſon reuers de
ton eſpee, tu pourras mettre ton pognal ſous l'eſpee ennemie,& le fraper
d'vn reuers par la iambe, retirant ton
eſpee en tierce pour luy tirer vne eſtocade. Encor s'il te vouloit tirer vne
main droite,& que l'aurois paree a-
uec l'eſpee, tu pourras neantmoins
ioindre l'eſpee de l'ennemy à ton pognal pour te ſeruir de la tienne à luy
donner vne eſtocade ou coup de taille
voltant du coſté droit, & tenant ton
pognal ſous l'eſpee ennemie ſans la
perdre iamais.

Comment il ſe faut gouuerner en tirant contre les gauchers.

Quand tu prendras l'eſpee contre
vn gaucher, il faut faire tout le contraire que tu ferois côtre vn droitier,

tant en frappant, comme en parant:
Mesme au passer, tant de l'espee & la
cappe, que de l'espee seule, Il faut donc
pour ton auantage voltiger hors l'espee de l'ennemy gaucher, & trouuer
moyen de le faire tirer le premier: Et
si d'auáture il ne vouloit tirer, tu cercheras de l'offencer à la partie plus
proche, te prenant garde toutesfois
qu'il ne te prenne au mesme temps,
mais cerche tousiours les moyens de
faire qu'il tire le premier pour luy
donner vn plus grand coup, & s'il se
peut que ce soit par sus son espee, afin
qu'elle demeure tousiours sous la tiéne. La meilleure garde & plus auantageuse qui se puisse faire contre vn
gaucher est la premiere, secóde & tierce, tenant tousiours ton pognal voisin
de ton espee: Ces gardes eítás les plus
asseurees & meilleures qu'on puisse
faire, t'aduertissant de voltiger tousiours hors l'espee de tó ennemy pour
qu'elle soit subiette sous la tienne. A-
donc cecy sera la maniere que tu auras à obseruer contre vn gaucher, tant
aux gardes comme au passer, t'ad-

uertiſſant quand tu voudras paſſer, de
mouuoir le pied gauche touſiours le
premier pour ton auantage: Et ſi par
auanture le gaucher ſe mettoit aux
meſmes gardes ou tu te trouueras, &
qu'il vouluſt attendre ton aſſaut,
t'ayant trouué en garde tierce ou ſeconde, tu te mettras alors en tierce,
tenāt ton pognal proche à la garde de
ton eſpee, & le pied gauche ſerré pres
du droit pour luy tirer droit au viſage vne eſtocade entre ſes armes pour
le contraindre de parer, ainſi que pluſieurs font: S'il pare de l'eſpee tu mettras ſous icelle tó pognal en luy donnant vn reuers par la iambe, ou par la
face: ou vne main droite, par la teſte,
tirant ton eſpee à toy pour redoubler
de pointe, & tenant touſiours ton pognal ſous l'eſpee ennemie, faiſant cecy
auec l'eſpee: Et pour l'auantage du
cheminer, feras qu'il chemine touſiours du coſté de dehors, en voltigeant auſſi de ton coſté pour
qu'il ne puiſſe t'offencer auec l'eſpee ny le pognal : Cecy eſtant le
vray moyen qu'il faut tenir pour aſ-

faillir. Si vn vouloit faire les mefmes
bottes que tu ferois, au contraire tu
luy feras cecy pour interrompre fa
botte pendant qu'il voudra commencer à la tirer, qui fera alorsqu'au mefme temps mettras ton efpee fur la
fienne en le frapant d'vn contretéps,
te retirant en garde. Cecy eft le plus
brief ferir qu'on puiffe faire: & quád
l'ennemy voudra commencer à te tirer, tu fourniras ta botte. On luy peut
faire encor cecy quád il tirera le premier, tu iras au parer auec l'efpee,
pour luy donner fuiet de volter d'vn
taillant, lequel venant à le parfaire,
le pareras du reuers de l'efpee, & s'il
donne d'vne main droite, tu y porteras le pognal fous fon efpee. On fe
pourra auffi mette fur le pied gauche
tenant le pognal fur l'efpee, & voltigeant toufiours hors l'efpee de ton ennemy, lequel commençant à tirer, tu
prendras promptement le temps paffant hors fon efpee, luy donnant d'v-
ne quarte vne eftocade fous le flanc
feneftre en la maniere que i'ay dit cy
deffus, laquelle fera plus pour atten-

dre: que pour assaillir, & contre les
gardes que fera l'ennemy gaucher. Les
gardes contraires du gaucher ennemy
s'entendant quand l'espee est hors de
celle dudit gaucher, lequel en peut
faire autant de sa part, comme ledit
droitier : mais la difference des deux
sera cognuë en l'execution des aduer-
tissemens que i'ay dit cy dessus : En
cela donc est l'auantage des gauchers.
Mais si le droitier obserue la reigle
que cy deuant i'ay mentionnee, & que
le gaucher ne le sçache, sera de beaucoup plus empesché le gaucher, que
le droitier.

Brief discours de l'espee seule en l'ob-
seruation de pointe.

En l'espee seule se contiennent les
quatre gardes, desquelles les meilleures seront ces deux, sçauoir la quarte
pour attendre, & la tierce pour assaillir. En ces deux gardes se peuuent faire tierce & quarte, & vn battre de
main, & vn passer dessous. Il s'en peut
faire assez, mais celles cy sont les plus
briefues & meilleures, le pouuāt fai-

re auſſi vn contretemps. Le paſſer ſous
l'eſpee (diſent pluſieurs) qu'Agripa en
fut l'inuenteur, voyant iouſter deux
coqs enſemble, l'vn deſquel s ſe hauſ-
ſant, & ſautant pour aller ſur l autre
luy becquer la teſte, l'autre paſſe dſ-
ſous pour ſe ſauuer.

Contre les coups ſuſdits & contre
ceux qui voudront aſſaillir.

Quand vn voudra paſſer de tierce,
tu luy feras au cõtraire vn contretéps
au meſme temps qu'il voudra volter
la main d'vne tierce. Encor peux-tu
cauer ton eſpee t'en allant en ſeconde,
& paſſant de la main le frapperas d'v-
ne eſtocade. Outre tu luy peux faire
vn paſſer ſous l'eſpee, & qui plus eſt
luy faire vne quarte ſus ſadite eſpee.
Il ſe peut auſſi laiſſer le pied parant a-
uec la main, afin de luy dõner vn coup
dedans l'eſchine. Ce ſont les bottes de
la tierce garde, quand vn les feroit en
paſſant.

Contre ceux qui quartent, qui battent
l'eſpee de la main, & qui paſſent
ſous l'eſpee.

Pour le contraire tu luy feras vn con-

rre temps auec le fort de ton eſpee
côtre le foible de la ſienne en luy portant vne eſtocade dãs l'eſpaule droite.
Luy peux auſſi faire vn paſſer ſous ſõ
eſpee le feriſſant de tierce. Pourras
auſſi parer ſon coup auec l'eſpee luy
tirant au viſage, ou dans le corps: Se
peut pareillemét laiſſer le pied parã
auec la main luy donnãt en l'eſchine.
Voila les contraires de ceux qui quartent. Contre vn qui bat de main, tu
luy preféteras l'eſpee à battre & quãd
il battra auec la main, tu la caueras
preſtement luy voltãt vne quarte dãs
l'eſpaule gauche, paſſant touſiours
en auant Tu peux encor luy preſenter
l'eſpee à battre afin qu'il paſſe, mais
au temps qu'il battra l'eſpee & paſſe-
ra, au contraire tu laiſſeras le pied, &
battras de ta main ſon eſpee, en le
frapant d'vne ſeconde: Sont les contraires à ceux qui battent de la main.
Contre vn qui veut paſſer par deſſus
tu luy tiendras ton eſpee haute pour
qu'il aye occaſion de paſſer ſous icelle. Tu luy peux auſſi tailler ſon eſpee
en paſſant le pied gauche de ſon coſté
droit,

droit, & faifant prife de ta main à la
garde de ton efpee, tu l'offenceras
d'eftocade feconde. Plus tu pourras
laiffer le pied portant ta main à la parade, afin de luy donner vn grand
coup dans l'efchine, ou autrepart que
tu iugeras plus commode. Ce font les
vrays contraires qui fe peuuent faire
fur les bottes fufdites.

IEV VNIVERSEL DE
l'efpee feule, tant de pointe
comme de taille.

SOis aduerty contre ceux qui vou-
droient tirer d'eftramaçons, leur
ferrer la mefure pour eftre plus voi-
fins du premier mouuement qu'ils feront en tirant de taille, afin qu'au
mefme temps tu luy tires vne eftocade refoluë, foit de pied ferme, ou de
paffade. Voulant affaillir, tu commenceras de tierce vne eftocade, fur
l'efpaule de l'ennemy pour qu'il aye
occafion de la parer : S'il pare, tu caueras l'efpee fous le bras de la fienne,
& luy porteras de tierce vne eftocade

en paſſant de ſon coſté droit. Derechef
quãd il parera, tu luy feras vn reuers
ſur la iambe paſſant à ſa droite partie,
prenant ſon eſpee ſous ton bras pour
la luy faire cheoir des mains, te retirant auec la tienne en tierce pour le
pouuoir ferir de pointe, t'aduertiſ-
ſant quand tu luy feras feinte (comme i'ay dit) qu'il face vn paſſer par
deſſous ton eſpee: & quand bien il
voudroit parer au contraire tu feras
aduerty de luy tailler l'eſpee : Et s'il
paroit ta feinte , pourras cauer ton
eſpee ſur la pointe de la ſienne, en
luy faiſant vne quarte : S'il pare au
dehors , ou dedans , tu luy tireras au
viſage vne eſtocade , afin qu'il pare:
Et ſi de reſolution il pare , feras de
ton eſpee vn paſſer ſous la ſienne,
ou le frapperas de main droite par la
iambe , pouuant auſſi cauer l'eſpee
par ſus la ſienne pour luy pouſſer
de tierce vne eſtocade en paſſant de
ſon coſté droit , & faiſant vne priſe
à la garde de ſon eſpee : D'auantage
s'il pare , tu le pourras offencer d'v-
ne tierce ſous ſon eſpee en paſſant

du pied gauche, & faififfant pareillement la garde de fon efpee : Et
quand tu luy feras des feintes (comme i'ay dit ci deffus) & qu'il ne les
vouluft parer, il ne peut faire contre
toy autre chofe finon vn contretemps,ou vn paffer fous ton efpee: S'il
fait le paffer fous ladite efpee,ou qu'il
l'abatte de la main, tu peux faire au
contraire vn contretemps paffant fous
só efpee: S'il veut faire vn paffer fous
la tienne, tu luy tailleras fon efpee
en paffant le pied gauche de fon cofté
droit, & faifant prife à la garde d'i-
celle: Et s'il veut batre de la main,
tu luy volteras vne quarte. Si l'ennemy ne veut parer, & qu'il vueille tirer (comme deffus i'ay dit) tu luy feras tous ces contraires. Outre plus
quand tu voudras affaillir de deux
temps,il te faut commencer de pointe, & quand il parera luy volter de-
main droite allāt en quarte garde: Et
s'il pare du cofté droit,tu luy volteras
vn reuers allant en tierce, attendant
toufiours fa rifpote pour te pouuoir deffendre de fes eftocades, &

C ij

de ses coups de taille : Et s'il te tire la
rispote de pointe tu iras à l'encontre
d'vn contretemps restant en tierce,
ou bien en quarte garde. S'il tire de
taille tu pareras du fort de ton espee,
& si tu pares du costé droit, tu luy volteras vn reuers sur sa teste, ou par la
iambe, ou de pied ferme, ou de passade : Si tu passes, tu seras prise, mais
si tu tires de pied ferme, il faut te retirer attendant la rispote ainsi que
i'ay ci dessus dit. Si tu voyois que
l'ennemy te voulust assaillir, tu te
mettras en quarte garde, luy descouurant le costé droit, pour qu'il ne
puisse te tirer autre part : S'il tire de
pied ferme, ou de passer, tu luy feras
tous ces contraires. Quand l'ennemy
te tire de pied ferme, il faut parer auec
l'espee, & passer le pied gauche de
son costé droit pour le ferir de tierce
ou de seconde, aupres la garde de son
espee : Et s'il tire d'vne passade, tu lais-
feras le pied parant le coup de ton espee, en faisant prinse de la sienne à la
garde d'icelle. S'il veut te tirer vne
pointe pour puis apres te volter de

main droite, tu paſſeras le pied gauche en auant pendant qu'il voltera,
parant le coup du fort de ton eſpee,
& faiſant priſe l'eſtocadant de ſeconde, voltigeant toutesfois de ſon coſté
droit pour ton aduantage. D'auantage, ſi tu te trouuois en tierce, & que
l'ennemy te tiraſt vne eſtocade, tu
pourras faire aſſez de bottes, premierement en battement de main, vn
paſſer ſous l'eſpee prendre vn contretemps, tailler l'eſpee de l'ennemy, parer ſon eſtocade, auec l'eſpee, luy tirer
de deux temps, parer du fort de ton
eſpee ſon eſtocade luy dónant de main
droite par la teſte, ou par la iambe:
Et pour cócluſion pourras parer ſon
eſtocade, & luy donner vn reuers par
la iambe, ſoit en paſſant ou de pied
ferme: mais s'il te veut porter vn reuers par la teſte ſubitement qu'il t'au-
ra tiré l'eſtocade, tu pareras du reuers de ton eſpee paſſant à ſa main
droite, te ſecourant auec la main à
la garde d'icelle: ou bien ayant paré
ſon reuers de l'eſpee, tu luy pourras
donner vn reuers par la iambe, en

C iij

mettant la main de reuers fous l'efpee
de l'ennemy : Encor pourras tu rencontrer auec le fort de ton efpee , le
foible de la fienne quand il tirera
vn reuers, le frappant d'vn contretemps. Ce pourroient faire autres
chofes affez contraires, mais ce feroit
vne confufion de les defcrire : les
meilleures feront dont celles de l'efpee , lefquelles s'entendront en cefte
forte : Si tu affauts, commenceras de
pointe, & fourniras de taille, qui font
deux temps : Si tu attens , tu pareras,
c'eft à fçauoir t'affeurer trefbien de
parer , qui eft le meilleur,& puis offenceras la plus proche partie de
l'ennemy,& la plus commode que tu
pourras, & en cefte maniere s'entendent les deux temps.

Laquelle forte d'armes eft plus auanta-
geufe de l'efpee & la cappe, ou de
l'efpee & du pognal.

L'efpee & le pognal font plus a-
uantageux à ceux qui s'en fçauent aider, que l'efpee & la cappe : Et ceux
qui n'y entendent rien , font pareils à
ceux de la cappe & de l'efpee. L'auan-

tage de l'espee & pognal sera de tirer
le premier d'estocade seconde resoluë, afin que l'ennemy aye occasion de
parer auant son espee, lequel parant,
soit de droit ou reuers comme il voudra, tu passeras & le toucheras de ton
pognal, t'aduertissant, que si tu luy tire
au visage, ce sera toufiours le meilleur pour toy. L'auátage de l'espee &
la cappe sera de se tenir en quarte
garde, voltigeant hors de l'ennemy
en fuyant son espee & son pognal, ne
tirant iamais le premier, mais seulement attendre : Et quand il tirera, tu
pareras, & tout aussi tost luy pousseras vne rispote, te remettant en
quarte garde, en attendant
toufiours, & fuyant
la prise de l'en-
nemy.

C iiij

DISCOVRS TRESBEAV
pour tirer de l'espee seule, fait par deffunt Patenostrier de Rome.

Irons en premier lieu auec la commune opinion de tous ioüeurs d'armes auoir quatre gardes, ainsi nommees pour l'ordre consecutif en elles, lesquelles se peuuent reduire en deux, mettant la premiere & seconde en vne, la tierce & la quarte en vne autre.

Or l'estre en garde consiste en deux choses qui est accommodement de corps & d'espee, & pour deduire cómét mettrons la tierce en ieu comme la plus parfaite, & en laquelle toutes les obseruations de bien tirer se peuuent mieux garder, ioint que ce qui se dira sur icelle se pourra en partie accommoder aux autres.

Doncques l'accommodement du corps pour estre en garde sera le corps assez courbé, le coîté gauche & la teste se reposant & panchât sur la iambe gauche dont le genoüil doit estre plié, le bras gauche esleué pres du visage comme vn demy cercle, la iambe droite estenduë ou fort peu pliee, les deux talons vis à vis l'vn de l'autre, ne monstrant que le flanc que couurirez de vostre bras droit bien estendu en bas, & vn peu auancé au dessus de la cuisse droite, la pointe de l'espee regardant au deuât de l'espaule droite de l'ennemy, vn peu plus haute que le fourniment, & trauersee tant soit peu en dedans, propre pour aller de tous coîtez en l'espee de l'ennemy.

Le tirer consiste en quatre choses, le mouuement du bras & de la main, l'auancement des pieds, l'eschiffement de corps, & au iugement de ces quatre choses naissent toutes façons & coups, & estocades ausquelles nous nous arresterons, laissant mains droits, reuers, & estramaçons en ar-

C v

riere, estant l'estocade la plus belle
& plus principale partie de l'espee
seule, que nous diuiserons en cinq sortes, à sçauoir inquartade, ou quarte,
la tierce, le passer dessous, le batre &
entrer la quarte par dessus l'espee.

La quarte se fait auançant premierement la main comme le droit fil, &
puis la voltant en dedans proche d'arriuer auançant fort le pied droit es-
chiffant de l'espaule droite en auant,
& de la gauche en arriere passant
le pied gauche en arriere pour esquiuer mieux, portant le bras bien essen-
du en maniere que vostre main soit
aussi haute que vostre espaule, ten-
dante à l'espaule droite de l'ennemy.
Plusieurs autres obseruations y a que
i'obmets à vne autre fois.

La quarte du pied gauche se fait
comme du pied droit, auec la mesme
conduite de l'espee & voltement du
corps, & ne differe que du passer du
pied gauche qui se fait en auant, au
lieu que celle du pied droit se fait en
arriere. Or l'occasion de faire ces
quartes est quand l'ennemy se trouue

deſcouuert en dedans.

La tierce ſe fait auançant premierement la main & le pied droit tournant le poing en dehors le bras bien
eſtendu en auant, de façon qu'elle ar-
riue du pied droit portant le corps de
flanc, l'eſpaule droite touſiours en a-
uant, & la gauche en arriere, afin qu'il
y ait moins de priſe, qui ſera eſtant
couuert tant en dedans qu'en dehors,
ſoit que l'ennemy esfalſe ou vienne
en contretemps.

Le paſſer deſſous ſe fait de tierce, tellement qu'il n'y a autre particuliere
obſeruation que d'abaiſſer bien le
corps en dehors, & biaiſer vn peu de
la pointe de voſtre eſpee en dedans, &
ſe fait autant d'vn coſté que de l'autre
pied : Et quelquesfois encor abaiſſant
le corps ſeulement quand voſtre ennemy vient de grande reſolution.

Le batre & entrer ſe fait auſſi en
tierce, & n'y a autre choſe de plus
comme vous battez l'eſpee de l'ennemy : Et faut prendre garde que la main
gauche venant à batre ne face pour
cela reculer en arriere le bras droit,

La quarte par deſſus l'eſpee ſe fait
côme la quarte ordinaire, ſinô qu'au
lieu que celle-ci ſe fait au dedans de
l'eſpee, l'autre ſe fait en dehors.

De la maniere de l'executer : C'eſt
ſur les gardes longues ou bien ſur vne
tierce vn peu auancee en eſlargiſſant
le poing en dehors , & biaiſant la
pointe en dedans.

Or ayât parlé des cinq eſtocades, &
en la maniere de les faire, qui a eſté le
plus ſuccinctement qu'il eſt poſſible,
nous parlerons maintenant en ceſte
façon meſme, de la meſure qu'il faut
tenir pour les faire , & du moyen de
gagner ceſte meſure.

La meſure n'eſt autre choſe que la
diſtance dont on ſe peut arriuer l'vn
l'autre d'vn pas ſeul allongé: Car il y
en a de trois ſortes, meſure iuſte , e-
ſtroite, & lointaine : La meſure iuſte
eſt quand lon ſe peut arriuer l'vn à
l'autre d'vn pas : La meſure eſtroite
eſt ſe pouuoir arriuer l'vn l'autre au
ſeul allongement d'eſpee , ou d'vn
demy pas non forcé : La meſure
lointaine que mettons pour la tier-

ce,eft quand l'on ne peut arriuer aifé-
ment d'vn pas feul, ains que pour la
parfaite, mettons vn demy pas deuant
auec fuite forcee d'vn autre pas pour
arriuer. Enquoy confiftent toutes les
eftocades du Patenoftrier qu'il appelle ieu de refolution, & preft pour n'y
auoir en fon ferir aucune tergiuerfa-
tion.

La mefure quelle qu'elle foit fe gaigne par quatre fortes d'accommodement de pied,que i'apelle auancemét,
aprochement,ioignement, & chaffe-
ment de pied. L'auancement de pied
eft quand vous trouuez vn pas eftroit
ou iufte,vous gagnez la mefure,auan-
çant le pied droit en auant, pour redoubler encor le pied droit,ou aller
de pied gauche fi bon vous femble.
Aprochement de pied eft quand vous
trouuant en pas large,vous aprochez
voftre pied gauche à my chemin du
droit pour aller puis apres de pied
droit.Le ioignement eft quand vous
trouuant en pas iufte ou eftroit, vous
vous ioignez voftre pied gauche au
droit, pour auoir moyen puis apres

d'auancer le pied droit. Le chaſſement
du pied eſt quand vous eſtant large de
pas, vous aprochez le pied gauche, &
en chaſſez le droit plus auant qu'il
n'eſtoit.

L'vn de ſes accommodemens ne ſuf-
fit pas, ſoit que voſtre ennemy à voſtre premier accommodement recul-
le, ſoit que tiriez en vn grand lieu, ſoit
que vouliez gagner vne meſure e-
ſtroite, tellement qu'il eſt neceſſaire
quelquesfois d'en faire vne ou deux
apres, enquoy faut noter de n'en faire
iamais deux ſemblables l'vn ſuiuant
l'autre.

Faut obſeruer deuant tous accommodemens de pied, d'auancer vn peu
l'eſpee, & auoir l'œil à celle de l'énemy, afin de n'eſtre ſurpris, & puiſſiez
aller en contretéps à voſtre auātage.
Ie n'aprouue nullemét le trepigner &
gliſſemét de pied pour eſtre vne choſe
goffe, mal ſeante, & incommode.

Il faut maintenant parler de la pratique des eſtocades, & en premier lieu
de la quarte, l'ayant miſe en ieu la
premiere. L'on s'en ſert quand l'en-

nemy eſt fort deſcouuert en dedans,
& ſe fait de tous pieds & meſures, ſelõ
que l'õ ſe trouue pres ou loin l'vn de
l'autre, toutefois auec diuerſes raiſõs
plus amplemét deſcrites ailleurs, que
laiſſons icy à cauſe de la briefueté.

Se faut prendre garde tant à la tierce cóme à la quarte, & paſſer deſſous,
de ne tirer point ſi vous voyez voſtre
eſpee ſous celle de l'ennemy, ains que
deuant tirer ſi vous ne voulez rompre
la meſure, faut tenir le corps en arriere, & qu'oſtiez voſtre eſpee de deſſous celle de l'ennemy, & que la met-
tiez en eſgale hauteur, & puis que
tiriez. Bref pour faire reüſſir ceſte e-
ſtocade comme toutes les autres, faut
tirer auec plus de promptitude qui ſe
pourra, deſrobant le temps à l'ennemy
à propos & preſtement.

Des contre-coups.

Or pour oſter la confuſion de tant
de contraires qui ſe peuuent alleguer
& mettre en auãt ſur le temps de l'eſpee, ie trouue qu'en vn aſſaut fait
de deux qui veulent tirer auec reſolution, accompagné toutesfois

auec iugement,eſtans en meſure rai-
ſonnable, il ne peut courir que trois
temps,ſinon que les deux qui tirent
vouluſſent,comme l'on dit, broüiller
en tirant ſans paſſer auec eſloigne-
ment de corps en arriere.Ie ne doute
pas qu'audit aſſaut, que ie ne puiſſe
courir plus de temps, & qu'on n'aye
loiſir de trouuer des contraires vne
infinité:mais cela eſt pluſtoſt broüiller que tirer, & ſe fait plus ſouuent
entre perſonnes qui veulent pluſtoſt
monſtrer en ſçauoir des contraires,
que d'auoir reſolution à perdre le
temps & à ferir. Le premier temps
doncques de ceux que i'ay dit, qui ſe
peuuent faire en aſſaut reſolu,ſera le
contretemps,qui eſt quand voſtre ennemy vient,& que vous vous en allez.
Le deuxiéme eſt quãd voſtre ennemy
vient,& que vous eſfalſez.Le troiſié-
me eſt quand voſtre ennemy fait vne
feinte & esfalſe,& que vous contr'es-
falſez.Dirons le dernier quand voſtre
ennemy fait vne fainte & esfalſe, &
que vous esfalſez, & r'esfalſez encores,ce qui eſt fort mal aiſé à faire.

Or i'appelle temps ce en quoy le
emps se perd, & non pas l'action. Ie
ie veux pas dire neantmoins que tout
nouuement de l'espee, de quelque façon que ce soit auec perte, & non per-
e de temps ne soit temps, comme ie
ne reserue ailleurs d'en parler plus
implement, & en façon plus intelli-
zible, & ne puis pour le present, pour
i'estre long.

Pour prendre donques le temps du
ontretemps, faut regarder soigneu-
sement quand l'ennemy veut partir,
le deuançant de prestesse & allongement de pied, & de moins pour prendre vostre estocade plus auantageuse,
enquoy faut noter qu'à tout contre-
éps de quarte ou tierce, de porter l'es
pee plus haute que celle de l'ennemy.

D'auantage se prend le temps bien
à propos quand pourrez rencontrer
l'ennemy sur ses pas, voulant gaigner
la mesure, qui est vous voulant aprocher : Enquoy faut iuger si l'ennemy
s'accommode pour tirer tout soudain,
ou aprocher seulement, ce que ie sçay
estre tres-difficile : car c'est deuiner:

Toutesfois à qui a tiré quelque téps
& qui a prins peine de confiderer le
mouuemens & actions de plufieur
perfonnes quand ils veulent ou n
veulent pas tirer, il n'eft pas fi ma
aifé quand c'eft contre principians
lefquels la plufpart pour ne fçauoi
ce qu'ils doiuent faire, font vne grâc
monftre de refolution, penfant e
ftonner leur ennemy & faire plac
à leur efpee, ce que ne leur reüffiffan
pas, demeurent confus ne fçachan
quel party prendre : Ce qui aduien
auffi à de vieux efcoliers qui ont faut
te de pratique.

Or qui ne voudra vfer de contretemps, n'y venant l'ennemy esfalfer,
ny battre de la main, ou paffer deffous, le remede eft parer de l'efpee,
qui fera pour vne regle generale.

Que toute eftocade qui vient en dedans, fe doit parer tournant le poing
en dedans, conme fi vouliez faire
vne quarte : De toute eftocade qui
vient en dehors fe doit parer tournât
le poing en dehors, que le dehors fe
pare quelquesfois fans auancer le

pied, & quelquesfois auançant le pied : Et me semble que se voulant seruir d'auancement de pied, il sera meilleur du gauche pour euiter mieux la prise à laquelle chacun à recours l'estocade manquant : Et pour s'en garder ayant paré, vous deuez aller à la prise vous mesmes retirant le bras droit en arriere, tant pour empescher la prise à l'énemy de laquelle vous luy donnerez le téps & la commodité parant auec le pied droit, que pour desgager mieux vostre espee pour vous en preualoir puis apres.

Il y a encor vne autre sorte de parer au dedans tournant le poing de tierce chassant à vostre main gauche l'espee de l'ennemy, & tirant vn estramaçon de reuers à la teste de l'ennemy.

Vne autre sorte de parer est ce que lon appelle le taillement d'espee qui se fait parant au commencement de quarte & acheuant tournant le poing en tierce, & abaissant l'espee de l'énemi au dehors de vostre main droite.

Quand est des prises, les meilleures sôt celles qui se fôt sur le poing droit

de l'ennemy , ou celles qui tiennent
l'eſpee enuelopee entre vos bras &
voſtre flanc gauche. Or auât que d'aller à la priſe ſoit ſur la quarte, ſur la
tierce ,ou ſur le paſſer deſſous, vous
vous pouuez faire vn eſtramaçon d'v-
ne main droite, ou d'vn reuers haut
ou bas ſur voſtre ennemy : & ſur le
laſchement de l'eſtramaçon que deuez faire retirant bien voſtre bras en
arriere, ou pour mieux dire l'eſpee,
deuez aller à la priſe telle comme i'ay
dit en cet article. Toutes ces façons
de priſes au corps & au colet ſont de
la luitte plus propres comme auſſi
donner la iambe, qui aux armes toutesfois ne ſont à blaſmer, ains les
tiens bonnes pour ceux
qui ont force & adreſ-
ſe pour s'en
ſeruir.

F I N.

DISCOVRS

EXCELLENT DE

LA CHASSE POVR

facilement prendre toute sorte de gibier, & oyseaux,
par les quatre sai-
sons de l'annee.

*Fait & experimenté par le Sieur
de Strosse.*

A ROVEN,

Chez Claude le Villain, Libraire & Relieur
du Roy, demeurant à la ruë du Bec,
à la bonne Renommee.

1610.

LIVRE DE CHASSE
POVR TOVTE SORTE
DE GIBIER, FAIT ET
experimenté par le Sieur
de Stroſſe.

*Les ſaiſons où l'on peut chaſſer à toutes ſortes de
gibier, & quelles eſpeces d'oyſeaux ſe trouuent en icelles, & en quel temps & heures du iour il y fait bon chaſſer,
& en quelle terre on
les trouue.*

'An eſtant compoſé de quatre ſaiſons, nous commencerons par le Prin-temps, durant lequel téps la ſaiſon eſt morte pour la chaſſe: d'autant que les oiſeaux ſe retirent tous à faire leurs petits, durant ce temps, l'on ne trouue rien aux ri-uieres: Le gibier eſt caché dans les grands Marests & Estangs, se tenans dans les herbes.

Vous trouuerez depuis les quatre heures du matin, iusqu'à neuf heures, la Tourterelle & le Ramier qui châtét sur la brãche, à quoy vous pouuez tirer. Ceste heure passee ils vont prédre vne gorgee d'eau , & se retirent sur les arbres, iusqu'à trois heures du soir, qu'ils vont paistre aux semailles iusqu'à cinq ou six heures où ils vont chanter vne heure sur les branches seiches des arbres plus prochains de quelque riuage. Et de là se perchent iusqu'à l'ombre du iour.

Vous pouuez aussi à l'aube du iour, aller au bois, ou garenne iusqu'à dix heures du Soleil , ou vous verrez le Liéure & le Lapin venant au riuage du taillis, ou bois, qui a mangé toute la nuict, & se retire dans le fort, vous pouuez aussi y aller à soleil couchant, & vous mettre en embusche à vingt pas du bois, & le verrez sortir pour paistre en quelque pré, ou auoine, qui commence à croistre.

Vous

Vous auez aussi en ceste saison le Cheureuil, & la beste Fauue, qui commencent à manger le bourgeon, lesquels vous pouuez tirer dans les ieunes taillis, le matin & le soir : Au haut du iour, le tout se retire aux forts des forests.

L'ESTE'.

La saison de l'Esté, vous n'auez que les susdites chasses, & sont les oyseaux empeschez à leurs petits, & cachez aux lieux les plus inaccessibles : mesmes les grains sont esleuez sur la terre, tellement qu'on ne chasse n'y a lieures, n'y a perdrix. Il vous demeure hors la chasse susdite, la chasse de la caille, auec le chien couchant, & la tirasse au long des prez, & y fait bon à la plus grande chaleur du iour, d'autant qu'elles attendent mieux.

L'AVTOMNE.

L'Automne est la plus belle saison de l'annee pour la chasse : car les oyseaux ont fait leurs petits, & sortent des forts lieux, s'espandant par les Marests & estangs, auec leur volee de l'annee, les ieunes n'ont point esté encore batus, ny d'harquebuses, ny des tendeurs, tellement qu'encores qu'en ceste saison il n'y en aye si grande quantité qu'au fort de l'hyuer, où ils viennent ici des regions les plus froides, ce qu'il y a n'est battu, & la saison douce aux champs, qui rend la chasse aussi plaisante qu'au froid, bien qu'on ne puisse tant abbatre, mais c'est auec moins de peine, & en saison plaisante.

Au mois d'Aoust, vous trouuerez la Tourte, & le Ramier, aux grains couppez, qui mangent le grain, se perchent soir & matin, & font desia en trouppes.

Vous trouuerez aussi les perdriaux, lesquels vous ne pourrez tirer à l'harquebuse, pour estre dans les chaumes, ou aux prez le long de quelque ruisseau à la chaleur du iour. Il faut donc les auoir auec la trasse, le chien couchant, ou l'oyseau.

En la mesme saison vous irez aux plus grands estangs ou marests, où arriuant ne verrez vn seul oyseau: mais allez à quatre heures du matin precisément, ou plustost encores, & vous verrez partir des ioncs & herbes, tout le gibier des marests ou estangs qui se iettera en quelque chaume, ou bled sarrazin à la mangeaille. Là vous irez faire vostre chasse iusqu'à neuf heures qu'ils retourneront à l'eau, & se mettent au riuage à grenoüiller iusqu'à midy, puis se retirent au fort de l'estang ou marests iusqu'à quatre heures apres midy, où ils repartent tous d'vne belle pour aller aux grains, comme dessus est dit, iusqu'à la nuict fermee, ils sont en grande trouppe, & icunes, point battus, où lon fait de beaux coups dans les grains, où ils passent tous en vn monceau.

Vous auez aussi le Heron au soir & au matin, le long des riuages.

Vous auez la beste fauue comme le Cerf qui est en venaison, qui vient aux grains, il sort au coucher du soleil

des tailles,& le fait bon guetter dans
quelque ieune taille, à vingt pas du
fort où il eft, fe mettant à vau-vent,de
peur qu'il ne vous fente.

Vous pouuez chaffer la befte noire
auec vn abbayement , & la trouuerez
au haut du iour en quelque fort hal-
lier,où il y a des fources de fontaines
dans lefquelles ils fe troüillent.
Quand les grains & les raifins feront bons , vous ferez des loges dans
la vigne ou bled ou ils viennent paiftre,ou vous ne faudrez de tirer à demie heure du Soleil couchant.

En la fin de cefte mefme faifon, comme lon fait les femailles,vous auez la
gruë & l'Oye fauuage qui viennent,
il les fait bon tirer:car elles n'ont efté
effarouchees , elles defcendent aux
grandes plaines defcouuertes, où il y
a quelques gráds marefts,ou eftangs,
pour fe retirer la nuict.

Lefdits animaux vont à grands
troupes, partant de leur couchee dés
l'aube du iour , & vont aux femailles
aux plus grandes campagnes , & fe
paiffent à la veuë des laboureurs,tel-

lement que pour y tirer, il eſt mal-aiſé d'en approcher, ſi ne prenez vne charruë, qui eſt le meilleur, ou bien vne charrette, & vous mettre derriere, & feindre paſſer chemin, faire mener ladite charruë, ou charrette au laboureur ou chartier, parlant tout haut, paſſant aupres y tirerez de bien pres, vous n'en approcherez iamais ſans cela, ou ſans cela à cheualier, & encore à grand peine.

Elles mangent iuſqu'à midy, & à midy elles s'en vont aux mareſts & eſtangs boire, & n'en bougent iuſqu'à trois heures, qu'elles partent, & vont à la mangeaille aux plaines. Il y faut aller au matin & au ſoir pour y tirer : car auant iour vous ne trouuerez rien à la plaine, elles ſont au milieu des eaux d'où vous ne ſçauriez approcher. Le ſoir tard elles ſe retirent à leur couchee, les Oyes ſe mettent aux grands eſtangs au lieu le plus mal-aiſé à approcher, la gruë au milieu des mareſts.

Vous auez aux eſtangs quantité de

poulles d'eau, beccaffines, & autres
fortes de menus oyfeaux, que tirerez
le long du riuage ou ils fe trouuent.

Lon tarde en cefte faifon, mais en
peu de lieux en France, elles fe tiennent ordinairement aux grandes
pleines, & qui font pierreufes.

Vous pouuez tirer à l'Oye fauuage,
aux grands eftangs en cefte maniere,
il faut prendre vne nacelle, l'armer
de ioncs d'vn bord à l'autre, la mettre
au lieu de l'eftang, ou les oyes viennent boire au haut du iour, la laiffer
là trois ou quatre iours, iufqu'à ce
qu'elles l'ayent accouftumee, & ne
s'en effrayent : puis lors qu'ils feront
allez paiftre, vous mettrez dedans
trois ou quatre harquebufiers, lefquels tireront tous enfemble, quand
reuiendront aupres de la nacelle, ce
qu'elles ne faudront faire iufqu'à ce
qu'elles ayent efté battuës, & ferez vn
beau coup.

La mefme forte fert auffi à les tirer
la nuict, quand il fait Lune.

Si voulez auffi auoir du plaifir:
mais ne le faites qu'vn coup le foir, il

se faudra cacher derriere vne saule,
où butte, en la part de l'estang, par
lequel elles reuiennent trouppe à
trouppe, & venant bas comme elles
font, tirerez en volant plusieurs
coups, mais elles ne reuiendront plus
à l'estang.

DE L'HIVER.

Il vous reste à parler de la derniere
saison de l'an, qui est l'hiuer, en laquelle abonde la quantité de gibier:
& les oyseaux passagers sont venus
des regions froides. Les marests sont
pleins, les eaux & riuieres desbor-
dent le plus souuent.

Quand le temps ne sera de gelee,
vous trouuerez le gibier aux grands
marests & estangs, quand le temps est
à la gelee il quitte lesdits lieux, & le
trouuerez aux grandes riuieres
& ruisseaux de fontaines, & aux
estangs gelez, où il y a des sources de
fontaines, il sera là comme l'vn sur
l'autre.

Quand il gele fort aux grandes

riuieres, il s'y fait grande tuerie d'oyfeaux, fi lon fe met dans vne nacelle
habillé d'vne robbe de payfan, vous
tirerez tout le iour à toutes les heures, la chaffe eft bonne & la plus aifee,
d'autant qu'aux marefts ou eftangs
gelez, la glace ne porte, & aux eaux
defbordees, il y a des fources ou lon
enfondre, s'il commence à defgeler,
retournez aux eftangs & marefts, ils
quittent la riuiere.

Vous trouuerez aux pays où il y a
beaucoup de poiriers, grande quantité de Bifets, & Ramiers, il y fait bon
à toutes les heures du iour.

Vous trouuerez les pluuiers, que
farcelles, aux pays où il a pleu, lors
qu'il degelle.

Quand il a neigé, vous trouuerez
toute forte de gibier fur la grande riuiere, ou fur la terre pres de là.

Vous pouuez tirer fur la neige aux
perdrix que vous voyez de loin, tour-
noyez les, & tirez en les tournoyant.

La nuict quand les Ramiers font
perchez, vous y pouuez aller au cha-
riuary, & les tirer auec l'harquebufe,

ou arbaleſtre.

Le temps eſtant à la pluye, il ne fait beau chaſſer: car outre l'incommodité, le gibier eſt tout eſpars, & non aſſemblé à manger le ver qui ſort de terre quand il pleut.

Voila la fin auſquelles lon trouue le gibier, & le téps d'y chaſſer. Nous deſcrirons à ceſte heure bien amplemēt, la maniere de charger l'harquebuſe pour tirer à toutes ſortes d'oyſeaux, ou animaux, & le moyen auſſi comme il les faut approcher.

Il faut que l'harquebuſe de laquelle vous voulez chaſſer, ayant vn cheual, iument, ou bœuf qui cheuale, ſoit ſeulement de trois pieds & demy de longueur.

Si vous tirez ſans cheual, il ſuffira qu'elle ſoit de quatre pieds de Roy, & que le calibre du canon face vingt deux balles à la liure: car ſi vous vſez de canons plus grands, il faut qu'ils ſoient proportionnez de foret de calibre, comme dit eſt, pour tirer ſeurement: car s'ils ſont legers & longs, ils ſont imparfaits.

Vous aduiserez à tirer d'vne mesme
sorte de poudre, la faire faire l'Esté,
& la conseruer en vaisseaux de cui-
ure, qui la tiennent seche.

Vous vserez de trois sortes de dragee, pour tirer à tous animaux de celle qui entre trois de calibre à vostre
canon, de celle qui entre quatre à quatre, & de celle qui entre cinq à cinq,
qui est fort menuë, que meslerez par-
my de la larme, tant d'vn que d'autre.
Le nombre sera escrit plus amplemét
cy apres de chacune, & en quelle forme il les faudra mettre.

Vous tirerez de la dragee qui entre
trois à trois aux oyes, de celle qui entre quatre à quatre aux canars, de la
plus menuë meslee auec la larme, aux
Sarcelles, Pluuiers, Ramiers, Rame-
rets, Bisets, & autres menus oyseaux:
Aux Gruës, Oustardes, Cignes, vous
aurez vne charge à part que nous
descrirons tantost, Si vous auez vne
beste à cheualer, la larme meslee est le
meilleur tirer quand vous pouuez
approcher, si n'auez cheual, non: car
il faut tirer de plus loin.

Vous porterez toufiours l'harquebufe chargee de poudre, & ne mettrez la dragee que ne voyez le gibier,
auquel vous voulez tirer : car s'il eft
amoncelé enfemble, vous chargerez
à vn lict, s'il eft pofé en vne longue
file, comme le plus fouuét on le trouue ainfi, vous chargerez à deux licts :
car cefte charge fait vne trainee longue & eftroite. Si tirez à trouppe fur
brauche, à vn lict, fi tirez à trois ou
quatre Canars à vn lict, fi le nombre
paffe chargez à deux licts, & prenez
toufiours le rang en long : car fi vous
tirez de trauers, vous n'en tirerez
gueres.

Pour tirer à Liéures, Connils, Re-
nards, vous vferez de la dragee qui
entre trois à trois, pour tirer à beftes
fauues, vous chargerez de deux
balles iuftes, auoir deux balles par
vn fil d'archal, de quatre doigts de
long qui ioint les deux balles, cela
fait vne grande ouuerture : mais il
faut tirer de pres, cela s'appelle vne
balle ramee, Si vous auez chargé
pour liéure, & vous rencontrez vn

Cheureuil, ne laissez à le tirer de ladite charge:car vous le tirerez de dragee.

Vous bourrerez ordinairement de bourre , mais quand viendrez tirer aux Oyes, Gruës, ou Cignes , au lieu du tappon de bourre que vous mettez apres la poudre , mettez y vn tappon fait en ceste maniere: car il porte beaucoup plus loin que la bourre.

Prenez vne Cuilliere,& mettez dedans les trois parts de suif, & vne part de cire,faites les fondre,& trempez dedans vne piece de vieux drapeau que vous en retirerez soudain,il viét froid comme toille ciree, couppez-le par petits morceaux, cóme il faut pour vn tappon,pour mettre au lieu de bourre apres la poudre: car apres la dragee il ne faut mettre que le tappon ordinaire de bourre. L'harquebuse sera vn peu plus rude: car cela retient la force de la poudre, & la rend plus violente , mais on en va bien plus loin. Et si a des pistoles y mettez vn semblable tappon,il n'y a corps de cuirasse que vous ne perciez.

Pour tirer aux Canars, & à tous
moindres oiseaux, vous mettrez le
poix de quatre dragees, de celle qui
entre trois à trois, & que la poudre
ne poise du tout les quatre dragees:
mais que le plomb l'emporte pluſtoſt
vn peu à la balance.

Si vous tirez aux Canars quand il
ne gelle, parce qu'ils n'attendent de ſi
pres que quand il fait froid, & qu'il
faut tirer de plus loin, mettez vingt
ſept dragees de celle du calibre de
trois, quinze apres la poudre, &
bourre deſſus, & puis douze, & vn
peu de bourre deſſus pour les retenir, s'il gelle, ils attendent de plus
pres.

Sur meſme charge de poudre, mettez quarante trois de celle qui entre
quatre à quatre(qui peut eſtre la pe-
ſanteur de deux balles) à ſçauoir
vingt quatre au premier lict, & le
ſurplus en l'autre couche.

Si tirez aux biſets ſur branche, de
meſme charge de poudre, mettez des
larmes en vn lict le poix de trois balles, quaſi non du tout, & ferez faire

vne charge de fer blanc qui tiendra
iuste le nombre qu'il en faut, afin que
n'ayez la peine de conter.

Si vous tirez à terre ou sur l'eau
aux sarcelles, aux pluuiers dans les
prez, ou aux Bisets, & Ramiers, vous
chargerez de larmes & menue dragee
le poids de deux balles, & aurez des
mesures de fer blanc, contenant le
tout.

Pour tirer à l'oye, vous mettrez le
poids d'vne dragee de trois, plûs qu'à
tirer aux Canars, de poudre, & ferez
vostre tappon apres la poudre du drapeau, cy deuant declaré, vous ferez vn
fer qui coupera dans vn feutre de petits ronds du calibre de vostre canon,
puis apres le tappon mettrez dans vn
linge trois dragees de celles du calibre de trois, & ferez vne plate forme
du lict de feurre, puis trois dragees
dessus, continuant ainsi iusqu'au
nôbre de dixhuit, entre chacune trois
vne plate forme, puis les coulant à
fond toutes ensemble bourrez dessus,
mettez y apres cinq postes d'vn coup
de la grosseur d'vn poix, & bourrez

deſſus, de cette charge ferez vn coup
de loin.

Pour la Gruë, Cigne, Ouſtarde,
vous mettrez meſme charge de poudre, & de la dragee qui entre deux à
deux, vous en mettrez huit, pour ſix,
bourre entre les deux couches, &
trois poſtes par deſſus, aux beſtes
groſſes la charge de poudre ordinaire, & deux balles.

Vous pouuez auoir vne harquebuſe particuliere pour les oyes & gruës,
parce qu'elles n'attendent de ſi pres
qu'vn canon de quatre pieds puiſſe
porter iuſqu'à celles, & d'vne portant
vne once de balles, vous ferez quatre
meurtres, auec les charges ſuſdites.

Faut noter qu'en eſté les oiſeaux
vont ſeuls, ou deux enſemble pour le
plus, que la poudre eſt plus ſeche, &
conſequemment plus forte qu'en hyuer, il n'en faut donc pas tant mettre
que dit eſt, & mettre auſſi vn peu
moins de ceſte menuë dragee : il faut
recharger ſoudain apres auoir tiré,
parce que ſi on eſt lóg temps à rechar-

ger de poudre & de bourre, le canon
se rend humide & relant, de sorte que
la poudre ne pouuât coeler, s'attache
de costé & d'autre à ceste humidité,
qui fait qu'elle chisse, & est longue à
prendre feu : mais chargeant soudain
le canon estant encore chaud, elle
coule seche au fond, & en fait meilleur coup.

Quand vous tirerez à quoy que ce
soit, ne descendez pas de cheual à la
venë du gibier, s'il est possible, allez
derriere quelque haye, buisson, arbre
ou vallon, ou vous laisserez ceux qui
vous suiuent : car rien ne fasche tant
vn bestiail quand il voit vn tireur,
que de voir aussi des gens qui sont ar-
restez, cela le met en soupçon & le fait
partir.

Quand vous voudrez tirer à quoy
que ce soit, gaignez le vent & n'allez
droit à la chasse, mais comme si vous
vouliez, asser à trois cens pas au costé & lors que serez au droit où est le
gibier passez outre, car quand l'auiez
outrepasse, il ne se deffie plus, lors en
tournant de long commencez à le ra-

procher en tournant, & comme ferez
quafi à portee , ayant le chien baiffé
allez droit choifir le rang, ou le monceau plus ferré, & combien qu'il cõ-
mence à partir,n'y a danger de tirer
comme il fe leue, fi ce font oyes , ou
gruës,ou autre menu gibier en grand
troupe.

Si vous tirez aux vanneaux,&en tirez quelqu'vn, ayez deux harquebu-
fes chargees,car quand ils en voyent
quelqu'vn mort,tous retournent fur
luy, vollant fur voftre tefte, & ferez
vn plus beau coup en l'air que n'auez
fait à terre.

Les mouettes font de mefme nature.

Vous tirerez l'hyuer au long des
hayes aux gruës & merles, auec de la
menuë dragee groffe comme teftes
d'efpingles,la moitié de la charge de
poudre que mettez pour lescanars,ou
fi voulez vne poignee de petits poix,
cela eft bon à la neige , aux petits oifeaux qui vont enfemble.

Vous pourrez tirer la nuiçt aux ramiers,au feu, quand il fait vn froid
noir, vous les trouuerez en vn fort

fur de petits arbres perchez bas , & y
faut aller auec des tabourins , des
chauderons & des poiles , menant
grand bruit,vous les mettrez l'harquebuse côtre le ventre,demy charge
de poudre,& vn peu de larmes,faut v-
fer à cela de l'harbaleftre qui veut.

En vne garenne à l'obfcurité de la
nuict,mettez vne lanterne en vn châp
là aupres , vous verrez venir le
connil autour fe ioüer , cuidant voir
le foleil.fi voulez y tirer vous le pouuez faire.

Aux Canars pareillement, la nuict
dans vne nacelle en vne riuiere qui
ne court gueres , porter au bout du
batteau du feu fait de fuif,dans vn demy pot de terre , à trois gros lumi-
gnons comme le doigt, qui facent vn
feu pale,& vn batelier qui vous meine , auec vne pelle derriere fans
faire bruit, les canars viennent à
vous , & femblent blancs , vous
les tirerez , ou couurirez d'vn filet
tremaillé au bout d'vne grande perche.

Le gibier vient fi pres de vous, &

femble de fi eftrange couleur, qu'vn
homme qui ne fçauroit le fait, pen-
feroit voir vne forcellerie: ioint que
ce feu fait au plus noir de la nuiſt, réd
vn grand pays comme l'aube du iour
& non feulement vne befte, mais vn
homme y feroit trompé.

Quand vous tirez aux oyes, ou
gruës, auec la charette, garniffez les
hauts de paille, vous pouuez mettre
trois ou quatre tireurs derriere : car
encores que tirans tous, l'vn ne tire fi
toft que l'autre, que l'vn donne à terre, l'autre comme elles fe leuent il s'y
fait de grands coups, & quand
vous auez tiré, prenez garde au gibier
qui s'efcarte de la trouppe : car il
eft bleffé.

Il y a vne autre maniere pour tirer au gros gibier, comme l'oye &
la gruë, apres voftre charge de poudre & tapon de drappeau, vous mettrez vne charge faite en cefte maniere.

Faites faire vn bafton du calibre
iufte à voftre harquebufe, à la façon

d'vn moule à fuzee percé, puis aurez
vn baston qui entre dedans ledit trou,
ledit baston sera long de deux doigts,
comme nous le depeindrons cy apres.

Vous le boucherez par vn bout, de
papier trempé en cire fōduë, afin que
ce que verserez dedans ne s'escoule,
puis par l'autre bout (mettāt ce moule sur vne table) vous mettrez quinze
dragees de celles du calibre de trois
dans ledit moule , & les ayant laiſſĕ
couler au fond, vous ferez fondre dās
vne cuilliere trois parts de ſuif, &
vne part de cire iaune, & le verſerez
dans ledit moule, il s'en fera comme
vne chandelle: car cela lie les dragees.

Quand il sera froid, ayez vn baston
iuste au calibre du moule, & faites sortir le tapon qui semble vn morceau
de cire, & le mettez dans vn tuyau de
fer blanc, pour en garder cinq ou six
charges : car cela se briſe , ſi vous le
portez dans vne gibeciere, apres la
poudre mettez ladite charge , puis
bourrez, & mettez encores cinq poſtes par deſſus , ceſte charge va fort
loin enſemble.

Si vous pouuez recouurer vn duc, posez le sur vne perche, pres quelque grand arbre seul, qui soit proche d'vne tour, muraille, ou feneftre, & vous verrez ledit arbre couuert d'oifeaux, aufquels vous pourrez tirer depuis le matin iufqu' au foir, chaffe plaifante pour tirer fans partir d'vn logis, s'il n'y a maifon, faites vne loge fous ledit arbre, auecques des genets, ou autres branchages efpois & touffus.

Et faites noircir au feu le canon duquel vous voulez tirer au gibier : car la clarté luy fait peur, & n'allez auffi habillé de noir, c'eft la couleur qu'ils attendent le moins, mais de gris cendré, ou de bureau en forme de couleur de payfans, à quoy ils font accouftu-mez tous les iours.

Il y a auffi de la poudre qui fe fait en Guyenne, à Grenade, au Mas de Verdun, d'Afir, & à Cabartes, elle eft beaucoup plus violente que celles de toutes les autres de France. Car vous tirerez de celle-là, vous diminuerez la charge, pour toutes les autres Prouinces de la France, vous trouuerez

les poudres de mesme sorte, confor-
mes aux charges susdites, voila les
singularitez specifiees, desquelles on
se peut aider pour ladite chasse.

Pour tirer les Loups, & les Regnards, &
les faire aller ou l'on voudra.

Il faut prendre vne liure du plus
vieil oingt que l'on pourra trouuer,
& la faire fondre auec demie liure de
Galbanum, & quand cela sera fondu,
il y faudra mettre vne liure de hannetons pilez, & faire cuire le tout à petit feu par quatre ou cinq heures. Ce
fait, il faudra passer ladite mixtion
estant chaude, par quelque gros linge neuf, & fort, & le presser tant qu'il
ne demeure audit linge, que les pieds
& les aisles desdits hannetons, puis
mettez voftre onguent en quelque
boüette de terre, & le gardez, car plus
il est vieil, & mieux vaut.

L'VSAGE.

Vous aurez vne paire de souliers
qui ne seruiront qu'à cela,& ferez vn
lieu d'affuse dans le bois pour vous
cacher:& y attendre les Loups,& les
Regnards,qui vous y viendront trouuer,où vous les pourrez tirer à vostre
aise,de si pres que vous voudrez.

Ayant fait vostre affuse,ou choisi vn
lieu propre dans le bois, vous frotte-
rez la semelle des souliers sus-
dits auec ledit onguent, & vous i-
rez pourmener par le bois, vers les
lieux & endroits ou se retirent
lesdits animaux , & vous en
reuiendrez à vostre affu-
se:car ils ne faudront
à vous venir
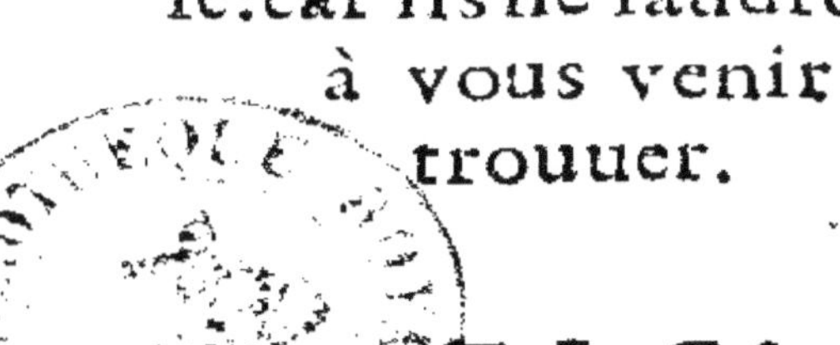
trouuer.

FIN.

LE GVIDON

DES CAPITAINES

VTILE ET NECESSAIRE

A TOVTES PERSONNES,

& principalement à ceux
qui suiuent l'art
Militaire.

*Auec vn excellent traicté pour apprendre
à tirer des armes.*

Plus vn brief discours pour aller à la chasse,

A ROVEN,

Chez Claude le Villain, Libraire & Relieur
du Roy, demeurant à la ruë du Bec,
à la bonne Renommee.
1610.

A TRES-HAVT ET
TRES-PVISSANT CESAR
MONSIEVR, DVC
de Vendosme, &c.

ONSEIGNEVR,
Les rayons de voſtre lumiere qui de iour en iour s'augmentent, rendent les hommes eſmerueillez, & ſont fideles teſmoins que le temps vous rendra égal (ſi n'excellez) les rares vertus de Ceſar voſtre deuancier. que la prudence, non la fortune, ſe mouſtrant hoſteſſe de ſon eſprit, luy a fait ſucceder tant heureuſement ſes entrepriſes qu'elle l'a rendu victorieux de cinquante batailles, ce qui ne ſe peut trouuer de nul autre, à fait boüillonner en moy vn deſir de vous deſdier ce Liuret teſmoin de l'obeiſſance que i'ay voüée à voſtre ſeruice, eſtimant que le receurez comme de celuy qui demeurera à iamais,

Voſtre tres-humble & tres affectionné ſeruiteur
CLAVDE LE VILLAIN.

SONNET.

Race de Iupiter, issu des flancs d'Alcmene
Que ne t'a mis la Parque au rãg des demi-dieux
Sans, te donnant le nom d'vn Cæsar glorieux,
T'assuiettir au sort d'vne personne humaine?
De tes ayeulx la source est bien plus ancienne
Que celle des Cesars, ni de tous les ayeulx,
Car les tiens ci deuãt sont tous môtez aux cieux,
Où leur vertu prepare vne place à la tienne.
Mais courage, tout est encor en son entier,
Suy ces enseignemens, qui est le vray sentier
Par ou ton pere HENRY sans cesse accroist sa
Cependant qu'il sera l'Hercule des François(gloire,
Tu n'auras autre nom: deux soleils à la fois
N'illustrerent iamais vn mesme territoire.

DISCOVRS
FORT PROFITABLE,
A TOVS CEVX QVI SVY-

uent la guerre, tant à cheual que de pied, tant Chefs, que Soldats, & apprentifs, comme experts.

Comment il faut leuer Soldats, tant à pied que de cheual, & aussi faire prouisions des amonitions qu'il conuient, suiuant l'art militaire.

Preparatif de guerre.

Deuis premier.

Rain Dieu fuy mal fait bié selon sa volóté,
Soustien ta bóne cause en la guerre indópté,
Aprens que la guerre est vne éstrãge sciêce
Qui à sa theoricque en son experience:
L'A,B,C, de cest art est de ne point saillir,
Et iamais au peril ne craindre ne pallir.
Dire ie m'en repens est simplesse ou bestise,
Qui messiet au Soldat plus que la coüardise.

A iij

Fay ton preparatif en Hyuer pour l'Esté,
Balance bien de nuict ton dessein proietté,
    N'arriue sans propos, sans fond, sans aduantage
    C'est peu sans grãd moyé d'amour vn grãd courage.
Limite ton dessain sur ta capacité,
Ton desir de l'honneur soit tousiours excité,
    Sçaches bien obeir autant que tu commandes
    Plus que ne sont tes ansne soyẽt tes charges grãdes.
Ne pense auoir la fin par le commencement,
N'acheue tes proiects par nouueau remuement.
    Ne basti tes desseins en vain dedans les nues
    Soustiens de la raison les victoires conceües.
Pour acquerir la grace & la faueur de Mars,
N'enrolle point des gueux des quaimans, des fetars.
    Mais prens de ces soldats dont la trongne galande
    Peut chasser la frayeur du reste d'vne bande.
Façonne de bonne heure aux efforts vsitez,
Pietons & caualiers ensemble exercitez,
    Apprens bien les chemins, les logis les campagnes
    Qu'il faut pour le meilleur que finemẽt tu gagnes
Cheris l'art qui apprend le mouuement des cieux,
La distance & le plain de ces terrestres lieux,
    Suy plustost la vertu que l'erreur de fortune
    Rempare ton pays de l'vnion commune.
Ne depeuple du tout ton regne de soldats
Afin de l'affranchir de courses & degast,
    Et laisse en ta maison quelque chose en reserue.
    Qu'à tout euenement ceste reste te serue.
Tiens plustost peu & seur, que beaucoup en grãd peur,
Ne hazarde apres peu, le temps, les gens & l'heur,
    Et traicte auec plusieurs de ce qui est à faire,
    Mais de ce que tu veux il est bon de le faire.
Sers peu ou du tout point au vulgaire ignorant,
Ne dispense du tout le plus riche ou puissant,

Tasche de descouurir si tu peux les menees
Que mallement on a contre toy designees.
Ayes des medecins pratiquez & vsez,
Appelle à ton conseil soldats vieils & rusez:
La fille Depinette vn regret contregarde
A cil qui son pouuoir & son auoir bazarde.
Ce sont extremitez d'estre Cæsar ou rien.
Il vaut mieux retenir quelque part de son bien,
Dresse camp, prens secours bastis forts inuincibles,
De subiets, de parens, d'amis incorruptibles.
Peu à peu vient le grand, tout à couples petits,
Despeche des heraulx, sages, preux, & subtils:
Ne dissimule trop ton apparent dommage
Ne fais du bien d'autruy iamais ton heritage.
Affreste les vaisseaux qu'il te conuient armer,
Pour les donner au vent sur le dos de la mer.
Deffend la terre en mer, & la mer en la terre
Par promesses d'aucun ne faits iamais la guerre.
Pouruoy celuy qui est digne de dignité,
Plustost que ton amy qui ne l'a merité,
Ne te fie par trop aux troupes coustumieres
Ny au nombre excessif de tes auxiliaires.
Renuoye le secours ou suspect, ou trop fort,
Et fains que pour ce coup n'as besoin de renfort,
Ne t'enferme iamais dans quelque lieu prenable.
Afin que tu ne sois de ton honneur comptable,
Aime & honore ceux qui au besoin vrgent
Te donnent du secours des soldats, de l'argent.
Commande, il est meilleur que le soldat n'ait femme
Car la femme en la guerre est vne guerre infame.
Pour rendre ton soldat au combat obstiné,
Qu'il n'enuoye chez luy ce qu'il a butiné.
Crainte de deshonneur esperance de gloire,
Font qu'il meurt ou qu'enflé il gaigne la victoire.

A iiij

Ne fais tes coups d'essay sur chose de grand coup
L'exercice est trop cher, le coust oste le goust.
 Ne t'ataque aux plus forts sans bonne intelligence
 Vse en tout de conseil, de force, & diligence.
Venge toy, deffend toy, ne traite à la rigueur
Tes prisonniers auant qu'estre du tout vainqueur,
 Ne ciquatrise point vne playe guarie,
 Et ne pique iamais le serpent en furie.
As-tu pris quelque fort ne le rends si soudain,
Porte de l'eau au feu qui s'allume prochain,
 Ne te reuolte ià pour offence legere,
 L'inconstant est tousiours suspect à l'aduersaire.
Gaste, rompt, s'il le faut, voire moulins & fours
Pour vuider vn passage ou tarder vn secours,
 Ton ardeur ne s'estaigne aussi tost qu'allumee
 Et plustost que le feu ne fais point la fumee.

CAMPEMENT.

DEVIS II.

De quelle façon vn bon chef doit conduire
& loger ses soldats en marchant en
campagne, & pour se garder
de son ennemy.

Plante tes pauillons dans les champs ennemis,
Bats la campagne loin de ton aimé pays,
 Ne te blesse toy mesme & seur de tes frontieres
 Meine au pays haineux tes cohortes guerrieres.
Ne loge en lieu suiet au rauage, au torrent,
Ne fais l'enceint du camp trop petit ou trop grand,
 Choisi l'air le plus sain, en riche voisinage
 Pour auoir à souhait pain, vin, chair & fourrage.

Campe non loin des bois & assez pres des eaux,
Saisi toy le premier des commodes costaux
	Sçache pour le quartier combien il faut d'espace.
	Marque à tous le logis, le tourrain & la place.
Sur tout ne loge point en vn lieu commandé,
De peur que tu ne sois de canon gourmandé.
	Le Prince ait au milieu sa tente capitalle,
	Non loin de son logis soit marché, viure & halle.
Loge si proprement pietons & caualliers
Que l'on ne face point à l'autre destourbiers.
Au pauillon du chef appointe quatre rues,
Laissant quatre angles droits iusques aux aduenues.
	S'il faut bon gré malgré camper au pied d'vn mont
	Basti soudain vn fort au milieu de son front.
La place ne doit estre aux premiers qui arriuent,
Il ne se faut loger que les derniers ne suyuent,
	En pays limonneux rempare de gasons,
	En terroir sablonneux de sacs pleins de sablons.
De cinq iours le soldat n'ait vn seul de relasche
De peur qu'ils ōgeà trouble, ou soit mol gourd, ou lasche
	Croy plustost à tes yeux qu'au flagorneux rapport
	Sur tout que ta valeur rie l'infauste mort.
Il est bon d'asseurer par vne fausse alarme,
L'asseurance ou la peur de ton nouueau gendarme,
	Vne fausse nouuelle en credit pour deux iours
	Profite presque autāt qu'vn vray bruit de secours.
Fais passer le soldat par l'espee ou la pique,
Qui auec l'ennemy sans ton sçeu communique,
	Au logis, non au camp retiens l'ambicieux,
	Extirpe de ton ost le guerrier vicieux.
Fais que le Capitaine auec le Capitaine
N'entre iamais en picque, en rancune ou en haine.
	Oblige de present ton soldat courageux,
	Oublie le fuitif, asseure l'ombrageux.

					A	v

N'engage ton honneur pour l'argent periſſable
Ne laſche pour le gain vn ſcelerat coulpable.
  Pour eſtre redouté n'vſe point de rigueurs,
  La douceur eſt l'aymant des eſprits & des cœurs.
Rigoureux garde l'ordre, obeys à Iuſtice.
Afin qu'à tes edits le ſoldat obeyſſe.
  En ton camp ne mets point la iuſtice à l'inquant
  Souſtien le vertueux, puny le delinquant.
Aye peu de coureurs, i'ent ens de ceux qui laſches
N'ont iamais combatu que les beuglantes vaches
  Partage le butin egal entre tes gens,
  Donc carreſſe les tous, & donne à tous preſens.
Au ſoldat engagé trop ne t'accompagnonne,
Ne conſens aux aduis (bjen que bons) qu'vn ſeul dõne.
  Puis cil qui ſe reautre és liqueurs de Bacchus,
  Funeſte compagnon des ſoldats inuaincus.
Eſtouffe tout à coup le meurtrier ſanguinere,
Et petit à petit eſtains moy la cholere,
  Appaiſe deſarmé le ſoldat querelleux
  Et en te defiant feints te fier en eux.
C'eſt eſtre demy prins que d'auoir groſſe garde,
Il faut qui plus en a plus ſe craigne & ſe gardé.
  Bien accord aide toy des ſoldats debandez,
  Ne rebutte pour peu les tiens meſcontentez.
Donne le mot du guet, fais parler ſentinelle,
Aſſeure ton repos en fatigue eternelle.
  Ne penſe à tes deſſeins qu'a ton vtilité,
  N'vſe de courtoiſie en temps d'hoſtilité.
Tout ce que fais pour toy nuiſt à ton aduerſaire
Et ce qu'il fait pour luy t'eſt nuiſible & contraire,
  Ne te bandes mal caut toy meſme contre toy
  Si tu veux imiter ce qu'il a fait pour ſoy.
Qui fait meilleure garde, exerce ſes gens d'armes,
Sent moindre le peril aux plus chaudes alarmes,

Pourvoy en temps & lieu à ta munition,
Fais toy cherir de ceux de ta protection.
Qui nonchalant n'a soin en son camp de vitaille
Il est vaincu sans fer, sans effort, sans bataille.
Fais guarir le malade & penser le blessé:
Fais bien loin de ta poudre & four & feu dressé.
Afin de n'infecter l'air des gens la contree,
Ne soit dedans ton camp beste morte enterree,
Le temps par le travail s'abelit au conflit
Le camp par la paresse peu à peu se perit.
Peu de forts & vaillans sont veus de la nature,
L'industrie les fait par bonne nourriture,
Encourage au logis l'homme par paine & peur:
Mais la paye & l'espoir au camp luy donne cœur,
Ton embusche plustost soit sentie que veuë,
L'arrest de ton conseil tout soudain s'effectue.
Pour trouuer en ton camp l'espion furetier
Commande que chacun se trouue en son quartier.
L'ennemy bien souuent enuoye des trompettes
Pour tromper, pensez y sous ombre de requeste,
Gaigne de l'ennemy le soldat corrompu
La mort n'estonne tant que le soldat rendu.
Garde le droit des gens en droit de l'Ambassade
Trauaille l'ennemy d'embuche & camisades.
Deffaits ton ennemy de froid, de chaud, de faim:
En gaignant au combat: il y a perte ou gain.
La meilleure entreprinse en la guerre on repute
Celle qui ne le sçait que quant on l'execute.

Comment, & en quelle maniere il faut côdui-
re vne armee, & la placer en champ de bataille, & comment il faut assaillir &
defendre contre son ennemy.

IOVRNEE OV BATAILLE,
DEVIS III.

ENcourage & harangue, & promet des Lauriers,
Au iour sacré à Mars à tes soldats guerriers,
  Verse leur dans le sein la rage & la colere
  Pour prodiger leur vie en batant l'aduersaire.
Par vn ost messager de ton iuste courroux,
Semons ton ennemy de propos & de coups.
  Mesure sans mespris les hostiles cohortes,
  Et si tu en as moins sains qu'elles soient plus fortes.
Puis despitant la mort que ton camp belliqueur,
Assaille le premier & demeure vainqueur,
  Ce n'est au general de sortir en personne,
  Pour cranter le defi de Mars & de Bellonne.
Si tu es le plus fort, approche, serre & ioints
Si tu ne les soustiens en restinant de loin,
  S'il se peut tout d'vn choq de force forcenee,
  Emporte la victoire & pris de la iournee.
Ne hazarde au combat ton ost exercité
Sans vn grand aduantage ou grand necessité,
  Bonne garde, bon ordre, au combat aduantage
  Guarantissent d'affront, de trouble & de dommage.
Moindre que l'ennemy tiens l'ordre que tu peux
Esgal renge tes gens comme luy si tu veux.
  Et aye pour le moins armes pareille aux siennes,
  Si doncques en tes mains ne t'agreent les tiennes.
Tiens des hommes sans peur en ordre au premier rang,
Mets les riches au dos, & les sages au flanc.
  En lieu fort & ouuert place l'infanterie,
  Et en camp large & plat tien la Caualerie.
Au milieu de ton camp affranchy de perils
Ceux qui ne sont encor, comme il faut aguerris,

Quand l'auangarde en main douteusemét trauail-
Renuerse l'escadron au fort de la bataille.   (le,
Laisse les chariots & bagage derrier'
Mais couure les d'vn ost s'il y a du danger,
Le dos des bataillons, soit le lieu de retraite
A tes enfans perdus, quand ils auront fait teste,
Comme vn relais à part tien vn ost fort & prompt,
Pour secourir l'endroit qui plus foible se rompt.
Il te faut quelquefois pour ton bien faire, ou faindre
Ce que ton ennemy pretend de te contraindre.
Soustiens des fantasins les Caualiers branlans
Soustiens des Caualiers tes fantasins tremblans.
Quand l'escadron fait large, il desire retraite,
Mais quand il se resserre au combat il s'apreste,
Mesnage la valeur des plus braues soldats:
Laisse reprendre haleine aux ieunes qui sont las.
Temporisant le temps ne perds l'heure presente,
Et prens l'occasion lors qu'elle se presente,
N'adiourne le conflit comme desespere,
Ne combats si ton ost n'en est deliberé.
Estonne l'ennemy du bruit de canonnades
Tue de coutelas, meurtry d'arquebusades.
Quand tu vas à la charge affute tes canons
Retirez aux costez de tes peuples scadrons.
Il vaut mieux se garder de la balle ennemie
Que d'offencer autruy de ton artillerie.
C'est le nombre plus grand des combattans sans peur,
L'assiette & l'ordre aussi que font le chef vainqueur.
Auant qu'a ton meschef l'artillerie ioüe
Gaigne-là le plustost si tu peux & l'encloüe.
Sois courtois, sois humain sur tout aux apprentis,
Fais en te hazardant que tous soyent guarantis.
Quand le chef porte au front la hardiesse painte,
La honte & le deuoir oste au soldat la crainte.

Souftiens fans demarcher l'ennemie fureur.
Pluftoft qu'en affaillant, douteux faire vn erreur.
   Diffimule ta peur & cache ta trifteffe,
   Quand tu ne peux par force, aide toy de fineffe.
Mais vainq quoy qu'il en foit iamais vainqueur ne
Et le vol, & la force à la victoire fert.   (pert)
   Ie n'eftime pas moins vne fepercherie
   Que l'affront courageux d'honnefte brauerie.
Au conflit la vertu vaut mieux qu'occafion
Vertu vaut mieux que force & que confufion.
Fauorisé de l'heur du temps, & de la place,
Donne à ton ennemy, ou la mort, ou la chaffe.
   En lieu auantageux place tes bataillons
   Laiffe à ton ennemy le Soleil, les vallons.
Laiffe luy vent au front, & aux yeux les poudrieres
Que l'eau, la terre & l'air luy demeurent contraires
   Mene moy ton guerrier fretillant aux combats
   Qui braue fe promet la palme ou le trefpas.
Et qu'il tire au cheual furieux, & defmonte
Le gendarme atterré pour l'auoir à bon-conte.
   Fait moindre le danger en commandant qu'il n'eft
   Ne prodigue pourtant le fang de tes fubiets:
Vne armee s'affeure en chofe inopinee,
Et d'vn cas ordinaire elle n'eft eftonnee.
   Or pour le mauuais temps ne perds occafions?
   D'employer aux exploits les fieres legions.
C'eft fort peu d'attaquer, fouftenir & deffendre
C'eft plus de mettre en routte, & côtraindre à fe rédre
   Iufque pres de la nuict diffaire le combat
   Si tu n'es aff. z fort, & fauue ton foldat.
Sur le point du conflit ne faut fonner retraite,
Que pour diffaire autruy ne caufes ta deffaite.
Mais ne combats de nuict, car tel couarderoit,
Qui de iour, vergongneux, ne fe debanderoit.

Ioint, deffaits peu à peu tous ceux qui se desbandent,
Afin que ralliez plus forts ne se deffendent.
On se pare bien mieux d'vn seul que non de tous:
Sois tousiours le premier à la teste, & aux coups.
Si tu fais quelque perte asseuré de victoire,
L'arriere garde anime à la fameuse gloire.
Qui sans discretion poursuit vn camp fuyart,
Il expose souuent sa victoire au hazard.
Fais place à l'ennemy qui marchande à la fuitte,
Et trop loing ny trop tard, apres ne faits poursuitte.
Faits tousiours bonne guerre à celuy qui se rend,
Que ton effort reiglé soit de ton nom guarand.
Sois vaillant, non cruel, vse de la victoire,
Par beaux faits & bien faits eternise ta gloire.

Comme il faut conduire en se retirant du champ de bataille, & vser belles stratagesmes pour master son ennemy.

Camp marchant en retraite.

DEVIS IIII.

Vant que leuer garde, auant que desloger,
Faits bien loin descouurir s'il y a du danger.
Sois tousiours en ceruelle, & tes falanges prestes,
Tien moy de main en main escoutes & vedettes.
Ayde des espions subits & cauteleux,
Et des auant-coureurs finement valeureux.
Ceux qui te seruiront vn iour en auantgarde
Tu les rechangeras, l'autre en arrieregarde.
Fais marcher la bataille en ordre entre les deux,
Sous les drapeaux cognus des soldats valeureux.
Les gens disciplinez entendent la trompette
Qui sonne boute selle, alarme, alte & retraite.

En cognoiſſant au bruit des tabourins tonnans
La diane la garde, à l'enſeigne, ou aux champs.
En parlant, en marchant monſtre toy reuerable
Pour eſtre à tes guerriers vn patron imitable.
N'vſe d'hoſtilité, pratique le reſpect
Sur le pays voiſin qui ne t'eſt point ſuſpect.
Ne deſtruis tout le viure ou faut que tu retournes,
Recognois bien les lieux ou c'eſt que tu ſeiournes.
Deffens pour plus durer le delit, le degat
Te ſouuienne touſiours de ton premier eſtat.
Charge de viure aſſez, & non trop de bagage,
L'vn aide, l'autre tarde au beſoin le voyage.
Si tu es inueſti, reſous toy valeureux
De vaincre ou d'eſchaper vn pas ſi deſaſtreux.
Et vaillant & veillant ne poſe point le glaiue
Sous vn offre fourré d'vne trompeuſe treſue.
Et deffens de traiter de compoſition
Ou bien de minuter Capitulation.
Si tu cognois par fois que ton aduis s'eſuente,
Il faut que ton conſeil vn autre aduis inuente.
Si l'ennemy plus fort t'auoiſine & te ſuit,
De nuict faut deſloger ſans deſordre & ſans bruit.
Mais fains auſſi que c'eſt pour chercher aduantage,
Afin que tes ſoldats ne perdent le courage:
Sur ta garde au logis diffère ton depart
Pour matter l'ennemy t'eſpionnant trop tard.
Celuy qui eſt plus foible ait vn recours derriere
Ou de bois, ou de monts, de ville, ou de riuiere.
Arrange Caualiers au dos, ou ſur les flans,
Pour celer la retraite ou depart de tes gens.
Que la neceſſité d'inuention maiſtreſſe
Te conſeille au beſoin quand le danger te preſſe.
Dernier faits la retraite en ordre & à propos:
Sois au beſoin au front, aux ailes, & au dos.

Lent ne ruine l'heur des heures bien heurées:
Haste & conduit le sort des fautes rencontrées.
    Fais passer le gougeart, & bagage deuant,
    Et ne laisse personne à l'ennemy suiuant.
    Sous terre quitte ou gate artillerie & viures,
    Prefere ton salut aux viures, & aux cuiures,
Fais mine de forcer le trou baricadé:
Et fais donner ailleurs sur le camp desbandé.
    Tu fains de retourner, & tout à l'improuiste
    Passe ailleurs sur le ventre à quiconque resiste:
Ne te decontenance, ains resous s'il le faut
D'enfoncer les vallons, ou de gaigner le haut,
    En annullant rusé, & si tu peux surpasse:
    Fais perdre à l'ennemy, chemin, aduis & trace.
Si tu ne trouue point, ny batteaux, ny cheuaux,
Essaye de gagner la riuiere en canaux.
    Brise les ponts passez, enfonce ou brise naues
    Pour refaire tes yeux par trop harassez saunes.
Facilite le pas des lieux les plus fascheux
A temps inesperé contraire & orageux.
    Ou afin d'amuser l'aduersaire au pillage
    Pour mieux diligenter quitte part du bagage.
Deuançant l'ennemy gaigne deserts ou bois:
Barre moy les chemins, retranche les destroits.
    Apres Dieu ie ne sçache en vn danger extresme
    Qu'vn effort indompté, ou vn beau Stratagesme.
Fais separer tes gens, party en osts diuers,
Pour estre aux rédez, vous d'ombre ou de bois couuers.
    Tient l'ordre qui promet le desordre & la route
    Qu'en ta retraite encor l'ennemy ne redoute
Fais couler en ton camp le nom d'vn lieu certain
Pour te remettre sus & rallier soudain.
    Fais vn croissant de feux my-cernant l'exercite,
    Et puis doublant le pas, gaigne temps & guarite.

Ie n'aime point l'excez, mais pour sauuer mes gens
L'arresterois au feu mes ennemis suiuans   (geance,
La guerre aussi bien n'est qu'vn dur fleau de ven-
Que Dieu par nous sur nous execute & auance.

Pour enseigner de quelle façon, & auec quelles amonitions il faut assieger villes, chasteaux, & forts, & comment il faut parler aux habitans, les sommer &
contraindre se rendre.

SIEGE DE VILLE.
DEVIS V.

ON renge toute ville en sa deuotion
  Par assaut, par surprise, ou composition.
  Mais retiens qu'en l'assaut d'vne aspre basterie,
  Il y a force seule, ou force & industrie.
Necessité dedans, empeschement dehors,
Presse de composer, & rendre ville & forts,
  Supprenant vne ville assure toy des portes,
  Auant que de lancer plus auant tes cohortes.
Feint d'auoir entrepris ruse sur autres lieux:
Gauchissant tout à coup broche & donne ou tu veux.
  Sçache auant qu'assieger si la ville est bastable
  Si de nature forte, ou d'art fortifiable
Esuente si dedans il y a factions,
Et si suffisamment y a munitions.
  Et si elle peut estre aisément secouruë
  Pour y faire passer victuaille & recreuë.
Apprens quelle est l'humeur du corps des habitans,
Quel ordre quels soldats, y commandent dedans.
  Recognois les fossez, le flanc & la courtine
  Si franche d'escallade, ou de sappe ou de mine.

Si elle se prepare aux inconueniens   (temps
Qu'vn fascheux siege apporte aux enfermez long
    N'espargne biës, douceurs, ruses fraudes subtiles
    Pour gaigner artisans & pour entrer aux villes.
Iemonstre le repos, & le doux traitement
Qu'eurent les Citadins sous ton gouuernement.
    Que les veux affranchir du ioug de tirannie,
    Que veux sauuer, garder, & leurs biës & leur vie,
Pratique vne reuolte, ou trouble, ou trahisons:
Surprens chasteaux voisins, & mets en garnison.
    Presse les assiegez par defy, par amorces
    De sortir pour master & affoiblir leurs forces.
    La guerre on fait à l'œil, & quelquesfois le temps
    Veut par necessité qu'on ne les tire aux champs.
Trauonne bien le gest de ton artillerie
Trauerse s'il le faut en croix tabasterie.
    Blocque soudainement barriere & rauelins:
    Retiens le cours des eaux & le tour des moulins,
Maistrise à l'enuiron toutes les aduenues,
Et empesche ou saisit les maisons retenues.
    N'assiege ville ou forts que ne puisse gagner,
    Celle faute feroit les autres obstiner.
Car qui est rebuté n'ose plus entreprendre
Contre cil qui se sçait remparer & deffendre.
    Qui a peu soustenir vn assaut rigoureux,
    Il s'appreste au second plus fort & vigoureux:
Donc du premier abord fais que ta vaillantise
Effraye l'assiegé pris en ton entreprise.
    Faits approche en silence au voile de la nuict,
    Pendant qu'en autre endroit se fait desordre &
Et puis qu'au poinct du iour que tö artillerie (bruit)
Vomisse la terreur d'vne autre basterie.
    La courtine esbrechee, & les forts emportez
    Tousse moy les soldats à l'assaut enhortez,

Tes criminels laschez porteront la facine
Ou l'eschelle ou le pont premier à la courtine,
    Que l'assaut que l'effort soit si fort vehement,
    Que l'assiegé soit pris dans son retranchement.
Que quelques fantassins quittent les porteries,
Et soustiennent cachez le danger des sorties.
    Et fais encor monter quelques gens à cheual
    Pour empescher à l'erte, & fourbe, & fort mal.
Loin de la bresche soit la trace de la mine,
Afin que son effet ton soldat ne ruine.
    Aduise bien aussi de n'y mettre le feu:
    Que canons pour l'assaut ne commencent leur ieu.
Plante sur le rempart ton enseigne honorable,
Et chasse l'ennemy qui le ceint lamentable.
    Et si tu as promis aux soldats les butins,
    Au moins garde la vie aux pauures citadins,
Il ne faut point de sang barbarement se paistre
On peut bien seruir Dieu sans desplaire à son maistre.
    Ne prophane l'autel, garde enfans & vieillars:
    Et ne lasche la bride à tes vainqueurs soldars.
Quand tu auras de force emporté quelques villes,
Soigneux garde l'honneur des femmes & des filles,
    On oublie les morts, mais tousiours dans le cœur,
    Reste le souuenir de reuenger l'honneur.
Il est bon quelquefois de raser citadelles,
Et de demanteler villes qui sont rebelles.
    S'il faut pour t'asseurer chasser les habitans
    Donne leur diuersez ailleurs, maison & champs:
Ou bastis citadelle ou retiens des hostages,
Et fleschis dextrement à ton gré leurs courages.
    Du fort force le bien demeure à tous esgal
    De celuy qui se rend tout est au general.
Ordonne promptement que la bresche on rempare,
Guarantis la cité d'vne fureur barbare,

Ne vueilles ruiner la ville & les bourgeois
Traine les doucement sous le ioug de tes loix,
Le temple au scelerat ne seruira d'asille
Le rigoureux puny chasse-le de la ville.

Quel vn gouuerneur doit estre, & quel soin il
doit auoir pour entretenir ses habitans auec
amour & bien veillance, semblablement
des preparatifs qu'il doit faire tant en
la ville que dehors attendant
courageusement son
ennemy.

Garde & deffence des villes.

DEVIS VI.

Pour deffédre vne ville, il faut qu'vn gouuerneur
Soit expert inuentif vigilant & sans peur,
Qu'il sçache bien parler, qu'il sçache bien entendre
Soit pour encourager ou reprendre ou apprendre.
Tout plain de maiesté, d'asseurance, & d'honneur,
Qu'il sache detremper la rigueur en douceur.
Que son authorité soit reueree & crainte
Du soldat, du bourgeois à tout prests sans contrain-
Qu'il se fie à son œil du tresor des deniers,   (te.
Des murs, des magazins, des poudres, des greniers.
Qu'il change sentinelle & qu'il face la ronde,
Qu'il pense en tout de tout, il faut seul qu'il respöde
Que la ville soit forte, ou de nature ou d'art,
Pour ne mettre sa vie au tablier de hazart.
Celuy qui se fait battre en place non tenable,
Il est perfide à soy, prins il est punissable.
Fust-ce qu'en bicoque obeissant au Roy,

Il prouue commandé son courage & sa foy.

Si ce n'est contre Dieu qu'il obeist au Prince
En se perdant soymesme il sert en sa prouince.

La ville sur rocher en plaine, ou en marests,
Varie pour sa garde & secrets & apprests.

En marests il faudra diguer l'eau deriuee
Pour reculer le camp de la terre abreuee.

Le fossé sur rocher c'est arrousé des eaux
Contre la contr'escarpe il faut murer canaux.

Ou si la forteresse est pour battre en courtines
Hausse de caualiers, creuse de trauersines.

Ainsi le tertre plain de tes puissans rempars
Pres à pres trauersez, couurira tes soldats.

Si le canon en front commande à ta muraille
Fais ton retranchement en façons de tenaille.

Iusqu'au lieu plus commode au siege que tu crains
De ta place basti des chemins souterrains.

Le feu qui suit l'amorce ou tu le veux conduire,
Pour iouer, estonner, assommer & destruire.

S'il n'est besoin aussi ne rase les fauxbourgs
Pour y faire le mesme à bouter quelques fours.

De charongne enterree infecte moy les plaines
Empunaise les puits, corrompt l'eau des fontaines.

Gazonne, couure toy, deffend ton bouleuert,
Garde la contr'escarpe & le chemin couuert.

Durant que le canon aboye la courtine,
Decombre le fossé, nettoyé de ruine.

Mesnage des soldats la valeur & la vie:
Sans euident profit ne fais iamais sortie.

Si ton mur esbreché est du canon battu
Que pour vn mur battu tu ne sois abatu,

Ne perds le iugement, renge l'infanterie
Sauuee du canon pres de la batterie.

Fais quitter aux guerriers la lance & les cheuaux

Pour estre pique au poing des premiers à l'assaut.
Borde d'arquebusiers le flanc de la trenchee
Pour debatre à couuert la breche reuenchee.
   Ou il faut au besoin des extresmes dangers
   Bander en resistant & l'esprit & les nerfs.
A ton retranchement il faut que tu trauailles
Auant que le canon ait rasé les murailles.
   Mais en te retrenchant fais vn contre-rempart,
   Et tant ce que permet le lieu, le temps & l'art.
Chasse la hotte au dos, & femmes & pucelles
Pour contre-montagner les deffences nouuelles.
   Pour donner temps aux tiens de respirer vn peu
   Bouche la batterie & de bois & de feu.
Et iette cercles, cloux, trompes, boulets, grenades:
L'œil & l'esprit partout te garde d'escalade.
   Que soldats my-meslez à tes bourgeois accords
   Recognoissent les murs aux lieux qu'ils sont moins
En la guerre il y a beaucoup de stratagesmes (forts.
Que le peril aprend au poinct des perils mesmes
   Il faut plus d'vn chef-d'œuure à faire vn bõ guer-
   Et la belle pratique enseigne le mestier.   (rier:
Le maistre est aprentif le trauail & l'ouurage
Annoblissent l'ouurier, l'art & l'aprentissage.